谨以此书献给在中国人民取得反帝反封建斗争胜利，最终实现从站起来、富起来到强起来的苦难辉煌历程中，关心、支持、帮助过祖国和牺牲生命的爱国侨胞！

祖国不会忘记

本书编写组

中央编译出版社
Central Compilation & Translation Press

图书在版编目(CIP)数据

祖国不会忘记 / 本书编写组编 . -- 北京：中央编译出版社，2021.7

("铭记"系列丛书 / 周汉飞，王丹誉主编)

ISBN 978-7-5117-3986-5

Ⅰ.①祖… Ⅱ.①本… Ⅲ.①华侨—生平事迹—世界 Ⅳ.① K828.8

中国版本图书馆 CIP 数据核字 (2021) 第 138228 号

祖国不会忘记

选题策划	张远航　周汉飞
责任编辑	韩　松　李媛媛
责任印制	刘　慧
出版发行	中央编译出版社
地　　址	北京西城区车公庄大街乙 5 号鸿儒大厦 B 座（100044）
电　　话	（010）52612345（总编室）（010）52612335（编辑室） （010）52612311（营销部）（010）52612315（新技术部）
传　　真	（010）66515838
经　　销	全国新华书店
印　　刷	文畅阁印刷有限公司
开　　本	710毫米 × 1000毫米　1/16
字　　数	167 千字
印　　张	12.5
版　　次	2021 年 7 月第 1 版
印　　次	2021 年 10 月第 1 次印刷
定　　价	58.00元

新浪微博　@ 中央编译出版社　　微　信　中央编译出版社（ID：cctphome）
淘宝店铺　中央编译出版社直销店（htp://sholl08367160.taobao.com）（010）52612322

本社常年法律顾问：北京市吴栾赵阎律师事务所律师　闫军　梁勤
凡有印装质量问题，本社负责调换，电话：（010）52612317

《铭记》丛书编委会

主　编：周汉飞　王丹誉

副主编：吴　明　闫　霞　陈聚春

编　委：吴　明　朱玉生　张　伟
　　　　田　溪　李　航　李　辉
　　　　吴　德

序
感恩·铭记·回报

《诗经·大雅·抑》:"投我以桃,报之以李。"

中华民族是懂得感恩、投桃报李的民族。

从 1840 年英国对华发动鸦片战争开始,中国被迫签署诸多不平等条约,对外赔款,还被迫割让了许多的领土;"二战"中日本侵略者铁蹄的蹂躏使中国遭受了世界上最大规模的人员牺牲;新中国成立后又被西方国家制裁封锁了 20 多年。

为了阻止中国快速发展,长期以来,以美国为首的一些西方国家受极端势力控制的媒体总是以诋毁、抹黑和污名化中国为能事,处心积虑,屡屡变换和炒作各种概念,从"中国威胁论"修昔底德陷阱""国强必霸""胁迫外交""经济、军事胁迫"到"新冠病毒溯源政治化"……

直到今天,互联网时代,他们仍信奉"谎言一千遍,就成了真理",热衷于试图通过各种令人不齿的手段和方式,不断对中国进行打压、孤立。但是,充满正义感和爱好和平的世界人民的眼睛是雪亮的,他们的傲慢、偏见和谎言反而有助于人们认清事实的真相。美国哥伦比亚大学教授杰弗里·萨克斯说过这样一句话:"中国拒绝美国的霸权,并不意味着中国也在谋求霸权。事实上,在美国以外,几乎没有人相信中国的目标是要称霸全球。"

天下苦西方霸凌久矣!历经苦难的中国人民珍惜和平,绝不会将自己曾经遭受过的悲惨经历强加给其他民族。一直以来,西方列强至死把"真理在大炮射程之内"奉为圭臬,而中国从来都把"己所不欲,勿施于人""以德服人"当作行动指南和崇高追求。

自古以来,中华民族坚持睦邻友好,而不是对外侵略扩张;执着于保家卫国的爱国主义,而不是开疆拓土的殖民主义。中华民族的血液中没有侵略他人、称霸世界的基因。中国坚持走和平发展道路,不接受"国强必霸"的逻辑。中国近代史,是一部充满灾难、落后挨打的悲惨屈辱史,是一部中华民族抵抗外来侵略、实现民族独立的伟大斗争史。

100多年来,在中国共产党坚强领导下,中国人民勇于探索、不断实践,成功开辟了中国特色社会主义道路,推动中国特色社会主义进入新时代,中国大踏步赶上了时代,中国人民意气风发走在了时代前列!

面对突如其来的新冠肺炎疫情,中国第一时间向世界卫生组织、有关国家和地区组织主动通报疫情信息、发布新冠病毒基因序列等信息、公布诊疗方案和防控方案,同许多国家、国际和地区组织开展疫情防控交流活动,开设疫情防控网上知识中心并向所有国家开放,毫无保留同各方分享防控和救治经验。中国在自身疫情防控面临巨大压力的情况下,尽已所能为国际社会提供援助,有力支持了全球疫情防控,展现了负责任世界大国的良好形象和以实际行动构建人类命运共同体的务实承诺,赢得了世界各国的普遍认可和广泛赞誉。

从新中国成立之初,在自身经济还十分困难的情况下,就开始向其他发展中国家提供不附加任何政治条件的真诚援助。中国的对外援助坚持始终尊重受援国的自主意愿和实际需求,坚持平等协商,不搞模式输出,致力于促进当地经济社会发展。这是中国与西方发达国家对发展中国家援助的根本区别。

回顾这段极不平凡的历程，中国走出了一条中国特色对外援助发展道路。

数据是最真实的语言，不会撒谎；事实是最有力的证据，无可辩驳。

人无完人，金无足赤。这个世界并不完美，但不能成为我们追求美好的羁绊。中国共产党领导下的中国，人民幸福不幸福，自由不自由，最有发言权的不是少部分人，也不是西方极少数极端势力，而是绝大多数中国人民。民意汹涌，如今中国人民追求美好生活的脚步谁也阻挡不了，善意的批评我们欢迎，对于无端恶意且带有政治目的的攻击，我们坚决不接受。

面对恶意的诽谤，我们要敢于斗争，更要善于斗争。过去，毛泽东曾形象地说，好的宣传"一支笔顶三千毛瑟枪"，在当今世界让我们的善行义举传播出去，让世界上更多的人听到中国的声音，感受中国人民的友情和善意，对于打破国际反华势力的抹黑和诋毁，对于廓清一切别有用心的人与对华持有偏见媒体的虚假宣传和歪曲性报道，对于展示阔步走在全面深化改革道路上的中国人民昂扬向上的精神状态和睦仁亲邻的和善民族性格，都具有十分重要的现实意义和深远的历史意义。

中国有句俗话：亲望亲好，邻望邻好！大家好，才是真的好！我们有理由相信，这个世界绝大多数人民是善良的、爱好和平的；愿世界再多一些包容，祈愿从善如流！

2021年是中国共产党成立100周年。100年来，在中国人民最困难和最需要帮助的时候，特别是在抗日战争中，许多具有国际主义精神的外国友人和对祖国深深眷恋的海外侨胞，同我们并肩作战，在血与火、生与死的考验中结下了深厚友谊，给予我们真诚的帮助和支持，有的甚至献出了宝贵的生命。为此，我们特别组织策划、编写了《铭记》丛书第一辑共3册，其中《中国不会忘记》《祖国不会忘记》分别撷取了12位国际友人和10位（个）海外侨胞人物（群体），以传记形式呈现，通过回顾和挖掘背后鲜为人知、可歌可泣、感人至深的故事，学习他们身上所具备的国际主义精神，重温那一个个波澜壮阔的时刻，再现中国共产党从创建，由少到多、由弱变强的苦难辉煌历程，中国人民和中华民族将永远铭记。《世界不会忘记》以纪实的笔触，对我国 70 多年来不平凡的援外工作进行了全景式回顾，以真真切切的事例，通过实打实的数据，受援国民众生存环境、经济结构、精神面貌发生的变化，回应了西方长期以来对我国援外工作的各种无端质疑、诋毁和抹黑。我们有充分理由并底气十足地告诉这个世界，中华民族的血管中流淌着道德的血液。

当今世界多极化、经济全球化、文化多样化、社会信息化深入发展，中国对世界的依靠、对国际事务的参与在不断加深，世界对中国的依靠、对中国的影响也在不断加深。我们尝试通过讲好"中国故事"向世界传递善意，为全面建成小康社会，实现"两个一百年"奋斗目标和中华民族伟大复兴的中国梦，推进"一带一路"倡议，构建人类命运共同体营造良好的舆论环境做出应有的贡献。

《铭记》丛书编委会

2021 年 7 月

《祖国不会忘记》

目 录

张纯如
用尽一生揭批侵略者的丑恶　　001

陈文雄
永远不忘根在中国　　019

郭鹤年
海外华商投资中国的"引路人"　　035

霍英东
爱国爱港的华人典范　　053

包玉刚
"世界船王"　　073

陈嘉庚
华侨旗帜　民族光辉　　091

李清泉
不悲身死忧国衰　　**111**

司徒美堂
从"洪门大佬"到爱国侨领　　**127**

南侨机工
战斗在滇缅公路上的赤诚卫国者　　**145**

泰国谢氏
"正大"无私的奉献之路　　**165**

后记

张纯如
用尽一生揭批侵略者的丑恶

很多日本人都会认为我在投下原子弹以后会后悔，会遭到良心的谴责，因为我使数以万计的日本人丧失了生命。

但我不这么认为，因为我曾亲眼见过南京大屠杀纪录片，看见日本士兵用刺刀挑破中国孕妇的肚子，将胎儿从中国孕妇的肚子里挑出来，手段极其残忍。

日本人只会想到自己被原子弹轰炸，但是从来没有想过自己为什么被原子弹轰炸。

——美国空军飞行员保罗·蒂贝茨

1937年侵华日军制造的"南京大屠杀"惨案，是烙在中国人骨子里的痛，而我们也当去铭记另外一个人——华裔美国人张纯如。

烟云一甲子。1997年，一本《南京大屠杀：被遗忘的"二战"浩劫》震惊中外，犹如黑夜中点亮的一盏明灯，将"二战"中惨无人道的屠杀事件暴露在西方人的眼中。这本令中国人和日本人都不愿意打开的书，它的作者张纯如用尽一生为历史正名，为正义请命。

张纯如将南京大屠杀的铁证，深深地刻进全世界人类记忆中。

因不断受到日本右翼势力的报复和骚扰，2004年，年仅36岁的张纯如用一支手枪结束了自己的生命。

这是一个不俗的灵魂，一个无畏穿越黑夜的长征撕开侵略者层层丑恶的钢铁战士，她的生命如彩虹一般，短暂而绚丽，"张纯如"这三个字已永远地镶嵌在中华民族的历史天幕上。

"纯如，人如其名"

冬天的午后，淮河上的货船往来如梭。河岸边，干枯的芦苇花随风摇曳，萧瑟中有一份坚韧和宁静……

淮安市淮阴区新渡乡（现新渡口街道）新渡村，就在淮河西岸。这里是张纯如的祖籍地。

1937年的一天，距离南京大屠杀爆发不到一个月时间，那时的南京城已"山雨欲来风满楼"，张纯如的祖父张铁军带着全家逃离了南京，1949年之前又去了台湾，曾担任《中华日报》总主笔。张纯如的父母也随之从大陆到台湾，然后移民至美国。

1968年3月28日，张纯如在美国普林斯顿大学美丽的校园内出生，她的父亲张绍进，是一名哈佛大学博士，其专著《量子场论》在美国理论物理学术界颇有影响；母亲张盈盈也是哈佛大学博士，从事生物科学研究。出身于这样不凡的知识分子家庭，注定张纯如也将拥有不同于常人的一生。

她的名字"纯如"，取自《论语》"从之，纯如也"，寓意"纯正和谐"，不只是名字，还有她的心。当然，名字也蕴含着家人对她的希冀，更是暗含了一家人对祖国的爱意。

张纯如最初对祖国的了解都来源于家庭，在她很小的时候就听家人说起，中国过去遭受了太多苦难，人民颠沛流离，就犹如落花掉在水里，纷纭四散，飘到哪儿算哪儿。而她的祖父母也险些在战争中走散，这个幸福的家庭也差点就没了。

"1937""日军""南京""屠城"等碎片在童年张纯如的脑中拼成这样的印记：那个时候，围绕南京的长江几乎被尸体堵塞得水泄不通，河水也被血染得鲜红……她想象着那究竟是一个多么残忍的年代，一段时间以来，她甚至不愿提到南京大屠杀，认为它就是"邪恶"的代名词。

对于大洋彼岸的祖国，除了好奇、同情，张纯如内心暗自决定：有朝一日定要踏上那片故土，亲眼看一看祖辈生活的地方。

张纯如虽然出生在美国，但她的父母很注重中国文化教育。母亲教她学中文，父亲则给她讲中国的历史故事。他们和张纯如说得最多一句话就是：**作为中国人是很骄傲的事。**

尽管每天看到的是外国人，吃的是汉堡，但张纯如每天坚持用汉字写日记，字迹工整清秀。她的母亲为了让孩子们熟练地使用中文，永远不忘记自己的母语，不仅和先生约好在家里就说中文，还身体力行地在家附近开办中文阅读写作班，创新性地教孩子们识别汉字的繁体字，以及教会这群在美国长大的孩子汉语拼音，以这种文化传递的方式，让这些在美国出生的孩子，记住自己来时路。

1985年，天资聪颖的张纯如考入伊利诺伊大学。眼看理工科的毕业证书即将拿到手，她却做出了一个出乎意料的决定——转入新闻系。

仅用一年半的时间，张纯如就拿下了伊利诺伊大学新闻系的学士学位，之后又拿下约翰·霍普金斯大学的写作硕士学位。毕业后,她曾在美联社和《芝加哥论坛报》工作，接着成为自由撰稿人。

张纯如从小就热爱写作，或许在从小到大的学习过程中，她的内心就越发迫切要用文字来影响世界。如鲁迅先生一般，张纯如也是拿起笔杆子开始了创作。

在毕业典礼上,作为优秀学生代表,张纯如发表了激昂的演讲:"我最大的希望是,今天在座的各位当中,有几个人能成为,为真、善、美而战的斗士!我们需要这样的人,为人类的下一代,创造一个更美好的世界,并保证人类文明的延续。请相信个人的力量,一个人也能让这世界发生巨大的变化,一个人,甚至是一个理念,就能引发或结束一场战争。你,作为一个独立的个体,可以改变千万人的命运!"

1991年,张纯如与在大学认识的白人男孩布瑞特·道格拉斯结婚。精致的婚纱包裹着张纯如娇美的身躯,她年轻貌美又才华横溢,笑得幸福而自信,她有良好的家世、骄人的学历、匹配的婚姻,还有绚丽梦想在笔尖上燃烧飞腾。

这一年应该是张纯如最幸福的一年,她不仅收获了爱情,而且遇到了写作生涯的伯乐,出版经纪人苏珊·拉比内尔。张纯如出版的第一部作品是《蚕丝·钱学森传》,书中讲述了导弹设计的第一人钱学森,如何在美国遭受迫害,最终返回中国的史实和时代背景。这本书获得了美国麦克阿瑟基金会"和平与国际合作计划奖",并很快成为畅销书。

"如果不是因为被南京大屠杀的史料触动,张纯如也许会照常地享受生活,做一个平凡的世人。"一个从事历史学研究的美籍华裔学者说。

1994年,一次偶然听说了朋友要拍摄《以天皇之名》后,张纯如十分感兴趣。而她的朋友则建议她去旧金山参观一场由华人举办的关于南京大屠杀的图片展。很快,张纯如便驱车前往参观。

腥风血雨,惨绝人寰。一张张惊人的黑白照片狠狠地叩击着张纯如的心灵。以往她只是从家人的言谈中听过,1937年在中国一座叫南京的城市,日本侵略者对手无寸铁的平民和战俘进行了残忍的大屠杀。但那一段历史对出生在美国,成长在美国的张纯如来说实在是太过于遥远。而这次是她第一次看到当时的画面,眼前的一切让她惊呆了。

当想到在哺乳动物中唯有人类会残酷地用惨无人道的手段虐杀自己的同胞，当敏感到人性之善会被兽欲侵轧，无助和绝望会伤害生命，张纯如的内心产生了深深的痛，是对人类兽性的愤怒与绝望。

"我必须做点什么！"惨遭杀戮的同胞骨肉，萦绕在张纯如的心头。作为一名作家，张纯如想要成为一位替历史呐喊的斗士。

那一刻，张纯如仿佛感触到了祖国跳动的脉搏，尽管从未相见，却一点不陌生。

"真相是不可毁灭的"

在1937年的中国南京到底发生了什么？

还在上小学的张纯如就曾试图查找南京大屠杀的相关资料，结果一无所获。

"当我还是个小女孩时，我父母讲述的南京大屠杀就令我震惊。他们告诉我，日本军队在中国南京屠杀了数十万计的中国平民，甚至连小孩也不放过。这给我留下了深刻印象。我去图书馆试图了解更多细节，但找不到一星半点儿与此相关的信息。在我们学校的图书馆里，在市里的公共图书馆里，在我的世界历史教材里，什么都找不到。更糟糕的是，我的老师们居然对这件事一无所知。"

"这件事在我的记忆中作为一个问号存在了许多年，直到1994年我在图片展上看到相关的照片。"事实上，在那之前，张纯如一度认为家人在向她讲述那些陈年旧事的时候，或许夸大了1937年到1938年发生在南京的事。

说实话，尽管在孩提时代张纯如就听到许多关于南京大屠杀的事情，却从未做好准备看到这些真实的照片——被砍掉的头颅，被割开的肚腹，赤裸的女人被强奸者强迫着摆出各种色情姿势，她们的脸扭曲变形，带着让人永远无法忘记的痛苦和耻辱表情，所有这些都毫无遮掩地呈现在黑白图像上。

祖国不会忘记

在一个眩晕的瞬间，张纯如醒悟到，不仅生命是脆弱的，人类的经历本身也是脆弱的。

然而，令张纯如不解的是：如果南京的暴行真是那么骇人听闻，真的像父母坚持说的是人类历史上一次最残酷的屠杀，那为什么没有把它写下来？为什么在别处几乎听不到相关的讯息？

张纯如查找了几乎所有英文非虚构小说，居然没有一本提及这段本不应该被遗忘的历史。她发现："二战"后关于纳粹的研究文献浩如烟海，却几乎找不出描写中国抗战的权威著作。西方人都知道希特勒在欧洲的种种罪行，但几乎无人知晓日本人在中国的大屠杀，无人知晓在那场战争中，中国所承受的巨大伤害和灾难。

"美国出版的多数历史文献都没有注意这次大屠杀。" 张纯如在对美国中学历史课本进行的一次彻底检查中，发现只有寥寥几本提到了南京的暴行。美国公众所读的综合的或"权威"的"二战"历史著作中，也几乎没有一本详细记述南京大屠杀的。只有在罗伯特·莱基的《来自魔鬼："二战"纪实》中，张纯如才发现一段关于这次大屠杀的记载：**"希特勒的纳粹所做的一切使其胜利蒙羞的事情没有哪一件比得上松井石根将军手下的日本士兵。"**

而在张纯如所接触的作品中，却有人否认南京大屠杀的事实，认为这是一段虚构的历史。她痛心地说：**"如果我出生在那个年代，那个地方，那个时间，我也就是其中的一具尸体了，一具无名的尸体。在半世纪之后，没有人会关注，犯罪者甚至会说，这些事情根本就没有发生过，这尤其让我感到恐惧。"**

在加州库比蒂诺举行的一次会议间隙，张纯如在聊天中得到一个重要信息，许多美国传教士、记者和军官都曾在日记、电影或照片中记录下了他们的见闻，而这些都保留在档案馆和图书馆中。

为了弄清真相，1995年1月，张纯如来到华盛顿，她每天早上乘坐公交车去美国国家档案馆和耶鲁大学神学院图书馆查阅史料。日复一日的努力，终于让她发现了两本有价值的日记。一本是《魏特琳日记》，另一本是《拉贝日记》。这两本日记后来都成为研究南京大屠杀的重要史料。

翻开当时金陵女子学院院长魏特琳的日记，里面的文字仿佛被鲜血浸泡过："日本兵不断地光顾她们的家，从12岁的少女到60岁的老妇都被强奸，丈夫们被迫离开卧室，怀孕的妻子被刺刀剖腹。"

而另一位日记本的主人拉贝目睹了日军的疯狂杀戮行为。他不仅拯救了许多南京人，还记录了真相："我开车到下关去勘查电厂，中山北路上都是尸首。城门前面，尸首堆得像小山一样，到处都在杀人，有些就在国防部面前的军营里进行。机枪声响个不停。"

可见，那时的国人经历的都是些怎样的非人的残害。这是一串串触目惊心的数字：仅仅42天，南京城就发生了集中屠杀28起，零散屠杀858起，强奸和轮奸2万余起，30多万人惨遭屠杀，平均一天就有近1万人死亡。"到处血流成河——好像天上一直下着血。"

"我在美国国家档案馆花了好几小时，打开数十个文件盒，在上千份档案中翻捡，我的手上鲜血淋漓，全是纸边缘割破的小口，指尖也被墨水染黑……"张纯如给母亲写信说，她对南京大屠杀事件了解得越多，就越感到痛楚得无法呼吸。

看到自己的同胞在遭受巨大伤害后，却得不到申诉，得不到侵略者的道歉和赔偿，甚至得不到世界上一些国家公正的承认。更让张纯如愤懑的是，日本右翼不仅坚决不承认曾经对中国的伤害，还一度在教科书上篡改历史，企图掩饰他们当年在中国犯下的滔天罪行。根据BBC的调查，357页的日本教材中，只有19页是关于"二战"的，整本书中，只有1页的注脚中，出现了"南京大屠杀"的字眼。

历史就是如此可笑和无奈。在德国不断向大屠杀的受难者表示歉意的时候，日本人却在东京膜拜战犯。一位在战争中受到日本迫害的美国人把日本人的行动形容为：这在政治意义上相当于"在柏林中心为希特勒建造一座大教堂"。

这段刻骨铭心的罪恶历史，就这样，被除了中国人以外的全世界都遗忘了！

"忘记过去的人注定会重蹈覆辙。"诺贝尔桂冠诗人伊利·威塞尔多年前就曾提出警告：忘记大屠杀就等于第二次屠杀。

张纯如当即决定，即便付出生命的代价也要写出南京大屠杀真相，为正义，为人道，为无言者，请命！

她不想再等，立刻启程去往南京。

"为30万冤魂奔走呼号"

1995年，张纯如乘飞机经香港，再坐火车到南京。

第一次踏上南京这块浸透过30万同胞鲜血的故国土地、踏上这块游荡着30万前辈亡灵的昔日屠场时，张纯如看到的不再是那场战争后的狼狈模样，而是一番欣欣向荣的景象。

不过，张纯如明白，青砖下的鲜血还未消逝，屈死的冤魂还在暗夜悲鸣。旧时的南京，从前的南京人，他们的存在使当下的南京无法避免地多了一丝悲凉和沧桑。

盛夏的南京炎热无比，张纯如顶着酷暑走进南京郊区的荒草丛中，寻找那些有标记和没有标记的屠场。每到一个地方，她都要细致地拍下每一处屠杀遗址和掩埋地点。要是遇到当地人讲方言，她就一个个录音，再拿回去听。全然不顾汗水浸湿了她的头发和衣衫。

那是一个热得令人窒息的下午。当张纯如看到刻在石碑上的死亡数字和日期，想到无辜的中国人就是在这里被屠杀然后被遗忘，巨大的悲痛涌上心头。张纯如看完遍布南京郊区的大小屠场后，已是傍晚，站在无名遇难者的石碑前，看着西边美丽的落日，张纯如陷入了沉默。晚风拂过她的长发，悲哀吞噬了她的心灵……他们曾经活过，碑文上需要铭刻他们的名字，就像阿灵顿国家公墓的彼得、怀特、桑切斯一样。

"1937年的南京，天上飘荡着血花，地上游荡着孤魂。法西斯魔鬼在人间狞笑，六朝古都如坠森森地狱……"张纯如天天看着这样的图片，听着各种悲惨的经历，尽量让自己置身于当年那个宛如人间地狱的环境中。种种不争的事实，更坚定了她想要告诉全世界真相的决心。

"你，坚毅之志、不曾停歇……你用坚执的心，叩问社鼓神鸦——金陵城下，累累三十万冤魂，可曾招幡？可曾招幡！"张纯如马不停蹄每天高强度地工作长达十几小时，尽管几近崩溃，但还是以其顽强的毅力继续记录着受难者的过去。

有一次，当张纯如拿着相片去到受难者家中时，相片里的19岁女孩，已然成了一位白发苍苍的老人。可让她心如刀割的是，这群战争的受害者，到了晚年，仍是极其可怜，没有得到任何赔偿。在一次采访回来的路上，张纯如气愤地对身边人说："等到这本书写完出版后，我将去学法律，将来代表幸存者与日本打官司，以得到日方的赔偿。"

除此之外，张纯如还设法查阅了东京战犯审判记录稿，甚至直接面对南京大屠杀的施害者。让她惊讶的是，这些当年的禽兽，犯下那样滔天的罪行，却还能逍遥法外，过着幸福的日子。

人类同胞相残的历史是漫长而凄惨的，而没有哪几次劫难能与"二战"期间的南京大屠杀相比。

一位历史学家曾估算，如果把南京死难者的手连接起来，可以从南京一直拉到杭州，足有200英里长。他们的血量总重可达1200吨，他们的尸体可以装满2500节火车车厢。就连当年在南京城中的纳粹教徒也感到恐怖，他们称这场屠杀是"野兽机器"的工作。

祖国不会忘记

还记得电影《金陵十三钗》中那个可怜的姑娘豆蔻吗？为了回去拿琴弦，被丧心病狂的日军伤害致死，而这样的事，在张纯如的书中甚至更为恐怖。

"在他的前面两排俘房中，有一位孕妇开始为自己的生命抗争，她拼命地抓打那个试图将她拖出去强奸的士兵，拼命反抗。没有人过去帮她，最后，那个士兵将她杀死并用刺刀剖开了她的肚子，不仅扯出了她的肠子，甚至将蠕动的胎儿也挑了出来。"

这一幕幕在书中罄竹难书。

"几乎没人知道，日本的士兵用刺刀挑起婴儿，活活把他们扔进开水锅里，"一位当年参加南京大屠杀的日本老兵面对张纯如流下了悔恨的泪水，"他们结帮奸淫12岁到80岁的妇女，一旦她们不再能满足他们的性要求，就把她们杀死。我砍过人头，饿死过人，也烧死过人，还活埋过人，在我手下死去的人有200多。这真可怕，我简直成了动物并干了那些无人性的事。实在难以用语言来描述我当时的暴行。我真是个魔鬼。"

据张纯如回忆："我曾经和一个日本军人交谈，他告诉我：他被教导，除了天皇，任何人的生命都毫无意义。任务重于泰山，而自己的生命则轻于鸿毛。进入了中国之后，他们突然间拥有了比神还要大的权力。在南京，他们把过去几个月甚至一辈子所受的压抑，以不可遏制的暴力形式爆发出来。"

现在想来，张纯如在创作的那些日日夜夜，每天直面一部由古及今最歹毒的酷刑百科全书，叙述的是砍头、活埋、活焚、在粪池中溺淹、挖心、分尸这样种种僭越人类极限的兽行。她常气得发抖、失眠噩梦、体重减轻、头发掉落。甚至忍不住趴在键盘上哭泣："写这部书，让我对人性有了新的认识，那就是人什么事都做得出，既有做出最伟大事业的潜能，也有犯下最邪恶罪行的潜能。"

最可怕的是——孤独，一种无人理解、无人安慰的强烈失落感。

这个昔日爱笑的女子在南京的那段日子里笑容越来越少。母亲觉察到了

女儿的变化，有些担心。 张纯如反而劝说她的母亲："我现在所承受的这些，与大屠杀中的那些遇难者的遭遇，完全无法比拟，作为一名作家，我要将遇难者从遗忘中拯救出来，替那些暗哑无言者呼号。"

在揭开那段惨痛历史的过程中，张纯如不得不将这些罪恶与黑暗刻在心中，她用一副柔弱的肩膀，担负起警醒世人的沉重担子，去寻找和抢救不断消亡的中华民族的痛苦记忆。

1997年，在南京大屠杀60周年之际，张纯如发现的尘封了70年的南京大屠杀第一手资料《拉贝日记》中文版在南京出版。

而在这一年，29岁的张纯如用心血凝结成的《南京大屠杀：被遗忘的"二战"浩劫》一书也震撼面世。它是第一部全面记录日军对南京城所犯暴行的英文著作，她不仅在书中详述日军疯狂暴行的细节，而且分析了在军国主义文化背景下，成长起来的日本士兵对人类生命的漠视。

此书一经问世，即震惊全世界！仅仅一个月，该书就打入美国《纽约时报》畅销书排行榜，还被评为年度最受读者喜爱的书籍，在随后数年内它被翻译成了15种语言再版10余次，迄今印数已近百万册。

"这是60年来首次有人让美国人知道这项战罪暴行的存在。她做的是美国无数以英文写作的男性作家和历史学者都没做到的事。" 《纽约时报》称张纯如，**"60多年来首次打破中、日、美的沉默，用英文向全世界，详尽地揭露日本当年的兽性。"**

以对美国主流社会的影响力来说，很多华人团体10多年的努力总和，都比不上一个张纯如的力量大！她是第一个用英语向世界介绍"南京大屠杀"史实的作者，这极大改变了西方世界对"二战"研究长期忽略亚洲战场的"傲慢与偏见"。

2016年5月，一篇《死里逃生》被选入语文出版社的中学教材，这篇文章节选自张纯如的《南京大屠杀：被遗忘的"二战"浩劫》。这也许是对南京

祖国不会忘记

30万冤魂最好的纪念。

"我以我血荐轩辕"

张纯如用一身正义照亮黑暗的同时，也被黑暗吞噬。

对于张纯如来说，《南京大屠杀：被遗忘的"二战"浩劫》一书的出版仅仅是个开始，她"战斗"的脚步没有停歇。为了重新唤起更多人对南京大屠杀的记忆，她在美国、加拿大各地进行了签名售书和演讲活动。

3年时间里，张纯如足迹遍布世界140所大学。在演讲中，张纯如决绝地说道："我相信最终真相将大白于天下。真相是不可毁灭的，真相是没有国界的，真相是没有政治倾向的。我们大家要同心协力，以确保真相被保存、被牢记，使南京大屠杀那样的悲剧永不再发生。"

不过，张纯如的麻烦也因此接踵而至，她不断遭受人身攻击和生命威胁。

张纯如的正义好比一柄刺向日本右翼势力的犀利投枪，让他们寝食难安，如坐针毡。为此，这些右翼分子极尽所能地攻击、污蔑张纯如，想方设法地阻止张纯如揭露日军当年的罪行，企图掩盖事实真相。

一时间，张纯如如同生活在白色恐怖之中，骚扰电话不断，有一次还从信封里倒出两枚子弹，甚至有人劝她最好给家人雇几个保镖来防止日本人的报复。被逼无奈的张纯如只得不停地搬家，变换住址，不敢使用电话。而大屠杀残酷的史实，也让张纯如心力憔悴，身体变得虚弱，一度患上了抑郁症，住院治疗。

约翰·昆西·亚当斯曾说："勇气和毅力就是魔力，护身符在她面前困难会消失，一切障碍会无影无踪。"张纯如没有退缩，反倒更加积极参与维护抗日战争史实的社会活动，依然是抨击日本掩盖历史可耻行径的斗士。

1998年5月，日本驻美大使齐藤邦彦召开新闻发布会，公开指责张纯如"歪曲历史"，污蔑《南京大屠杀：被遗忘的"二战"浩劫》是"非常错误的描写"。

"大使先生，你敢正视我的眼睛与我当面对质吗？"张纯如要求和他当面辩论，齐藤邦彦却不敢正面回应。

半年后，张纯如受邀参加一档美国公共电视台的节目，终于和齐藤邦彦面对面进行了连线辩论。

张纯如重申了自己写《南京大屠杀：被遗忘的"二战"浩劫》的两个基本观点：**一是日本政府从未为南京大屠杀做过认真的道歉；二是在过去几十年中，日本政府在学校教科书中从来就是掩盖、歪曲和淡化南京大屠杀**。张纯如义正辞严地提出，让齐藤邦彦以日本驻美大使身份向南京大屠杀死难者道歉，哑口无言的齐藤邦彦最终选择悻悻而去。

2001年4月23日，在旧金山召开的一次国际学术会议上，张纯如又是第一个登台演讲，题为"强奸南京"，博得了与会者长时间的掌声。但也遭到别有用心的日本人的攻击。当场就有两个日本人站起来向张纯如发难，蛮横提出所谓的疑问。她据理驳斥，批得两个日本人语无伦次，狼狈离开了会场。之后，日本柏房书房购买了《南京大屠杀：被遗忘的"二战"浩劫》的出版权，提出对书中内容进行修改的要求，遭到她严词拒绝。

"历史虽然已远去，但它造成的伤害和阴影依然存在，如果日本人刻意歪曲事实，不仅使逝去的亡灵得不到安慰，也无法平息中国人的愤怒，更使日本成为一个掩盖暴行、不负责任、极其虚伪的国家。" 张纯如的努力更加说明，真诚面对历史，只有认罪，日本才能变成一个更好的民族。

在这个充满罪恶与渴望和平的世界，张纯如不当一名无关紧要的旁观者，她用自己的实际行动，以自己稚弱的肩膀扛起一段民族的灾难史。作为华裔，张纯如一直不忘华裔先民在美国的奋斗史，并在2003年出版了《美国华人：口述历史》。这本书讲述了中国华人150年的移民史，将早期华人所受的歧视公之于众，为美国华裔所受不平等对待鸣不平。

这让张纯如更成为美国反华势力的眼中钉，威胁和压力剧增。**"打开旅馆**

祖国不会忘记

电视，屏幕上全是恐怖血腥的照片，还有战争中小孩子被残杀的景象，就像第三次世界大战来临，地狱就在眼前。"张纯如的精神恍惚了，她时刻感到，"我觉得被CIA或是别的什么组织盯上了"，"我走在街上被人跟踪，无法面对将来的痛苦与折磨。"

愤怒和悲哀的人，很难在这世上安逸地存活，每一日都会变得无比漫长。2004年，张纯如准备写第4本书，是关于日军虐待俘虏的历史。此刻的张纯如精神崩溃，痛苦万分。她的身上背负了太多太多。那些死难者的魂灵已渗入了她的魂灵，最终构成了她记忆的一部分，对她而言，30万不再是一个数字，而是难以承受的生命之重。

终于，在这年11月9日的这一天，张纯如独自在一段荒僻的美国公路旁，掏出手枪，解放了早已不堪重负的灵魂，离开了这个她无比热爱的世界。

这颗"穿越"67年的子弹，最终杀害年仅36岁的张纯如。

"你们最好记住那个曾经的我——那个作为畅销书作家如日中天的我——而非那个从路易斯维尔市回来后变得失魂落魄的我……我的每一次呼吸都变得困难——这种焦虑堪比淹死在开阔的海洋中。我知道我的行为将会把一些这样的痛苦传递给别人，那些最爱我的人。请原谅我。"这是张纯如留给世人最后的话。

离开她深爱的父母、丈夫和2岁的儿子，我们不知道张纯如的内心究竟经历了怎样的挣扎和痛苦，才做出了这样的选择。她的生命短暂而绚丽，正如自己所言："我曾认真生活，为目标、写作和家人真诚奉献过。"

那天，当安睡着张纯如年轻遗体的棺木缓缓下葬时，沾满泪珠的鲜花纷纷扬扬撒落在她的身边，她的灵前只供放着3本书，她生前的3部著作——《南京大屠杀：被遗忘的"二战"浩劫》《蚕丝·钱学森传》和《美国华人：口述历史》。

在美国加州的天堂之门公墓，张纯如的墓碑静静地躺在一处，碑上有这样一段话:"挚爱的妻和母亲,作家,历史学家,人权斗士。"

"有的人死了,她还活着"

"三十七岁良知,一万公里勇气:一次悲壮的灵魂之旅。生与死在漫长的墓道上,一一对视,一一默祷,一一倾听。"这首写给张纯如的诗歌悲怆而勇毅。

斯人已逝,长歌当哭。张纯如的一生,短暂却充满力量。

"生命终将消逝,但书和文字可以流传,有些人的一生,便是专为别人而度过。"张纯如的母亲在自己的回忆录最后,用一句这样的话结束全书。

张纯如走了,带着对人性的绝望,可她的影响,直到今天都没有结束。因为她,日本的罪行曝光天下,日本追求政治大国的步伐也被打断。2007年,张纯如的《南京大屠杀:被遗忘的"二战"浩劫》日文版面世,也让更多的日本人重新面对这段历史。

正如杀光所有报晓的鸡也挡不住天亮一般,张纯如用生命留下的这些白纸黑字,是她曾经为南京大屠杀奔走的证明,让欧美人再次回到了那个血腥的年代,知道了除奥斯维辛和卡廷森林外,浴血奋战的中国人遭遇了什么,也看清了偷偷酝酿实力的右翼分子。

南京大屠杀与每一个中国人息息相关。

于张纯如,是一种生命的连接。是与她自己生命的连接,是与那些在南京大屠杀中故去的人的连接,也是与在和平年代下生活的我们的连接。

而于我们,关系就是,我们这没有经历过战争的一代,现在站的这块土地上,曾发生过一场大屠杀,迄今为止,只过去了短短的80多年。

铭记历史,勿忘国殇!

2005年,张纯如铜像静静矗立在南京大屠杀遇难同胞纪念馆悼念广场右侧,陪伴她的还有馆藏《南京大屠杀:被遗忘的"二战"浩劫》一书的英文原稿,无声诉说着这段黑暗的历史。

祖国不会忘记

铜像被代表她英文名Iris的鸢尾花围绕。"Iris"是希腊神话中彩虹女神伊里斯的名字,象征光明和自由。铜像中的张纯如左手拿书,右手直指天空,那是在呼唤正义,让人们心底那抹温暖的光,照亮曾经的黑暗。

铜像背后的爬山虎叶子绿了、红了、落了,岁月轮回。

"国行公祭,祀我国殇。山河犹在,国泰民安。"2014年2月27日,中国以立法形式将12月13日设立为南京大屠杀死难者国家公祭日,昭示后人勿忘国耻,珍爱和平。

2017年清明,古淮河畔,庄重典雅的张纯如纪念馆沐浴朝阳,瞩望东方。

从这一天起,英雄魂归故里,不再孤单,有560万家乡人民陪伴她,她深邃的思想永不停歇。她守望千里江淮,情牵四海赤子!越来越多的人认识张纯如,被她寻找真理、捍卫正义的精神所打动,从中获得力量。

而在大洋彼岸,以张纯如名字命名的"张纯如公园"在美国圣荷西揭幕。

公园的设计寓意深远,从高处俯瞰,犹如一颗石头丢到水塘里形成一圈圈的涟漪。小小的石头不正是张纯如的化身吗?她用"一个人的力量可以改变世界"的信念,击破了谎言,还原了真相,匡扶了正义。

许多当地华人发出心声:**"以张纯如的名字命名这处公园,是对这位伟大女性非凡勇气、强烈正义感和对真相不懈追求的褒扬和铭记。"**

"接过女儿手中的接力棒,"张纯如的父母组织成立了"张纯如基金会",他们说,**"虽然一个张纯如去了,但还有很多的张纯如在出现。我们就是想培养新的张纯如,让更多的人写更有力的文章和教材。一旦全世界人都知道,日本再抵赖就没有任何意义。"**

"历史并没有为这个故事写下一个适当的结局。"张纯如在《南京大屠杀:被遗忘的"二战"浩劫》中写道,忘记历史就意味着背叛,民族的悲痛不可忘却。

那声击穿美丽的生命、击穿正义的灵魂、击穿痛苦的思想的致命枪响早已消逝,但张纯如这个名字,将永远被爱好和平的人们所铭记!

张纯如
用尽一生揭批侵略者的丑恶

音乐欣赏

《我和我的祖国》

陈文雄
永远不忘根在中国

2020年8月,中央电视台华语环球节目中心大型跨文化纪实故事节目《中国缘》,连续两集深度介绍了法国华裔国会议员陈文雄的故事。

在法国华人圈子,陈文雄是一个响当当的名字。他为华人创造了法国乃至欧洲多个"第一",在成为法国国民议会议员之前,他曾是巴黎13区副区长。他传达华社民意,维护华人权益,传播中国文化,推动中法合作,塑造了全新的华人形象,深得中法两国民众拥护。

2016年12月16日,第五届"中华之光——传播中华文化年度人物"颁奖典礼在中央电视台隆重举行,来自世界五大洲,代表不同文化领域的10名个人和1个集体获奖。陈文雄名列其中。

2018年1月10日,陈文雄在"2017全球华侨华人年度评选"中脱颖而出,作为华侨楷模,与中科院院士杨振宁、姚期智,巴拿马总统顾问陈国基等侨界人士获得"2017全球华侨华人新闻人物"称号。

"茶叶大王"弃商从政

这天,法国华裔国会议员陈文雄一早便忙碌起来,他要在巴黎13区区政府主持一场婚礼。

在法国当地,每一对新人结婚时,都要由政府人员主持婚礼,完成仪式后,婚姻才能生效。

举办婚礼的大厅很特别,厅堂上上下下全部是木制的用具,看上去古典而华丽。

如今,法式婚礼依旧保留着一些有趣的传统。举办婚礼的时候,厅堂的大门必须打开,参加婚礼的人无论在厅内还是在厅外,如果不同意新人结婚都可以提出来,否则婚礼就是无效的。

主持13区居民的婚礼是副区长最基本的工作之一。陈文雄担任13区副区长一职长达9年,他曾经每隔5周就要组织一天的活动。多年来,他见证了上千对新人喜结良缘。

通过一场场婚礼,陈文雄与13区的许多居民结下了深厚的情谊。

"有时候一天很多对新人结婚,会有点累,但感觉可以参与他们的大日子,会给我很幸福的感觉,觉得可以跟他们分享一下。"陈文雄说。

法国首都巴黎横跨塞纳河两岸,环城公路以内的巴黎城区被称为小巴黎,分为20个区,位于塞纳河左岸的13区,是欧洲最大的华人聚居地之一,被誉为巴黎的"中国城"。

13区建筑独具中式风格,中国元素随处可见。在区政府2楼入口处,就摆放着两座兵马俑雕塑,这是陈文雄和13区区长顾梅几年前来中国西安时一起挑选的。

顾梅说,这对兵马俑能凸显一种文化。在法国华人最多的一个区里,在市政厅里能有所体现,也让人们知道中国文化。在某种意义上,这一对兵马俑也是所有来客的"保护神"。现在很多结婚的,办了婚礼后到这里照像,希望能给他们带来好运气。

陈文雄今年54岁,中等身材,发际线比较靠后,稍胖却显得挺拔,说起

陈文雄
永远不忘根在中国

普通话不紧不慢，很流利，是个和气而平淡的中年人。有人问他的家族企业，陈文雄也会用"小生意"一句话带过。

陈文雄祖籍广东普宁，1967年出生于柬埔寨。童年时期，陈文雄虽然没有去过中国，却一直有颗中国心。

陈文雄的父亲从来没对他们说他们是柬埔寨人，而是说他们是中国人，家里说的是广东潮州话，吃的是中国饭。虽说是在国外出生的，但孩子们在心里还是一直向往中国。

1975年，年仅8岁的陈文雄随父母移民到法国。初到法国，陌生的一切让陈文雄难以适应。他感觉整个世界变了，一句法语都不懂，身边的很多朋友都是第一次见到真正的中国人。

为了维持生计，父亲陈顺源到处寻找工作机会。由于没有法国文凭，加上语言障碍，他只能找到一些在葡萄园和工厂里的零工。

就在陈家陷入困境时，远在中国的朋友伸出了援手。在他们的资助下，陈顺源在巴黎开了一家面积约有80平方米的小杂货铺。很多中国人支持他们，比如，先给他们发货，货全卖了之后再付钱。

小小的杂货铺，让陈顺源一家在巴黎安定下来。两年后，陈顺源与朋友合资开起了中餐馆，懂事的陈文雄经常到店里帮忙打杂，当服务员，或者洗洗碗，切切烤鸭等。不过对于年龄还小的陈文雄来说，这一切还是觉得挺新鲜、好玩。

20世纪80年代，中国改革开放的热潮，让陈顺源看到了机遇。1983年，他在巴黎成立了嘉华进出口有限公司，主要是提供餐馆的用具。法国很多地方，包括其他国家，像比利时、葡萄牙、意大利，很多华人餐馆老板都到陈文雄家拿货。

大学毕业后，陈文雄开始协助父母经营企业，走上经商之路。他在巴黎经营多家茶苑，在当地被称为"茶叶大王"。

相比于父母初到法国时的艰难，如今的陈文雄已经有了优越的条件。对此，陈文雄对父母充满了感激。

"因为给我们的条件很好,那时候我们不知道的,但是我看到现在的青年人,他们开始做生意是比较难的,这第一步起步很难。要感谢父母,最难的一步,他们先走了。"

在法国生活了40多年,如今这里已经成为陈文雄最熟悉的地方,他经常乘坐地铁上下班。

年轻时,陈文雄认为自己的使命就是继承父业,像父亲那样成为一名成功的商人。当时,他没想到自己的人生轨迹会发生巨大转变。

陈顺源,在法国华人圈是个响当当的名字。1986年,为了帮助华人融入法国社会,陈顺源发起在巴黎13区创办潮州会馆。

潮州会馆影响日益扩大,成为法国最具影响力的侨团之一。在父亲的影响下,陈文雄平时除了打理生意,也开始参与潮州会馆的工作。

会馆的工作主要是帮助华人解决一些生活上的问题,如帮着找房子,或者收到政府相关信件时看不懂的就帮助翻译一下,或者看了病后填表不会填的就帮助填一填。会馆还开了个班,教华人学习简单的日常法语。

随着华人群体逐渐壮大,华人在13区的影响力日渐增强。2017年,顾梅所在的13区社会党,正为第二年的市镇选举组建团队,他们希望找到一位华人代表与13区的华人建立联系。他们向企业家、潮州会馆副会长的陈文雄发出了邀请。

法国前国民议会议员勒甘当时去做陈文雄工作。他回忆说,陈文雄是一个很有活力、积极参与法国经济生活的人,同时他也是年青一代的代表。勒甘找陈文雄交流时,对他说:"你既积极参与中国社团活动,又积极参与法国经济生活,你应该成为巴黎区议员,成为你生活和工作地区的区议员。"

然而顾梅团队发来的邀请,被陈文雄一口拒绝。他觉得自己做生意,没时间;还认为搞政治的,搞来搞去浪费时间。他说他不干这个,做生意不搞政治。

对从政并没有兴趣的陈文雄,认为经商和从政是不可能同时兼顾的两件事。然而当他把这件事告诉父亲时，父亲的态度却出乎他的意料。

父亲对他说，从自己家族的角度来想是对的，但是应该重新考虑。

陈文雄问为什么，父亲对他说："你看，在法国历史上，从来没有一位华人在巴黎当副区长，如果错过这次机会，有可能以后几十年都不知道有没有可能了。"父亲觉得，不能仅仅考虑自家的事情，为全巴黎、全法国华人的利益应该去参选。

在陈顺源看来，在法国的华人，虽然一部分人经济实力雄厚，但由于法国政治圈比较闭塞，华人很少有机会涉足政治，政治参与度很低，没有发言权，这条路总需要有人迈出第一步。因此对于陈文雄得到的这个珍贵机会，陈顺源希望儿子不要错过。与此同时，顾梅团队也在继续劝说陈文雄。

勒甘说，陈文雄一直很谦逊，他不希望总是出头，同时也有点担心做不好。他再次找到陈文雄做工作，对他说，一开始并不容易，但这是对民主、对族裔代表性，对巴黎13区华人群体的认可，是很重要的。

经过一段时间的思考，陈文雄终于答应了顾梅团队的邀请，决定以无党派人士身份进入社会党团队，参与2008年的市镇竞选。

在陈文雄看来，自己的华人身份是促使他最终决定从政的最重要的原因。而这位勒甘，当时如同师傅，教会陈文雄不少东西。

"很多事情实实在在，华人不管的话就没人会去管。也不是说他们不想管，而是他们根本不了解华人的文化，华人的一些需求，也不知道有这个问题。所以如果我们华人自己不关注自己的事情，是没人会去关注的。"陈文雄说。

结束了一天的工作后，陈文雄和几位同事来到13区人流量最大的地铁口，为接下来的竞选活动发传单。

第一天发传单的效果并不理想，陈文雄有些失落。

如今，发传单成了陈文雄习以为常的一件事情。然而2008年，当陈文雄第一次为选举发传单时，他对此有些排斥，有人拿了资料后就扔掉，有人还会骂两句。

在拉票过程中，陈文雄逐渐意识到，要想成为一名政治家，难度远远超过他的想象。每一天几场派发宣传单，或者组织小型会议，跟大家解释政策，房租的问题、教育的问题、老百姓生活碰到的问题等；还有贴广告一般在晚上，经常要搞到一两点、两三点，半夜去贴。

2008年，当陈文雄这张华人面孔出现在竞选行列，在原本对政治冷漠的巴黎华人圈中，瞬间掀起了一股投票热潮。

2008年3月16日，41岁的陈文雄当选巴黎13区区议员兼副区长，成为巴黎首位华裔副区长。得知这个结果，陈文雄心情有些复杂，当然是高兴的，但又有点怕，不知道做什么事情，不知道副区长是干什么的。

积极推广中国文化

如今，探访13区居民的生活，是陈文雄的日常工作之一。这天他来到伊夫里门51号小学，探访这里中文班的学生。

巴黎13区是全法国第一个从小学到大学都开设了中文课程的地区，学校配有专门的汉语国际班，数学课上有4小时的中文讲习时间。而这一切正是在陈文雄成为13区副区长后推动实施的。

陈文雄说，在13区的很多华人小孩，如果不会中文这个语言，就没办法跟父母、爷爷、奶奶沟通，也没办法看懂中国电影，没办法了解中国的根。这样慢慢就跟中国文化脱离了，那最后就完全是个黄皮肤的法国人。

受父亲的影响，陈文雄一直很重视中文教育，他对自己的3个儿子也一直有着严格的要求。从孩子出生，他就跟孩子们讲潮州话，还对他们说，法语自己听不懂，如果他们说法语，就惩罚抄写中文。

2008年9月，在陈文雄与同事的推动下，13区当地学校正式开设中文班。然而刚开始，中文班就遇到了很大的难题。

陈文雄
永远不忘根在中国

第一次开中文班，有很多问题都需要解决，比如，用的中文教材法国买不到，老师有一本，每次上课都要复印几十份给学生用。

教材成了中文班需要解决的首要问题。当大家一筹莫展时，陈文雄开始四处奔走，到处寻找教材。最终，他在中国为中文班亲自买回了一批中文简体字教材，这让校方对陈文雄一直心存感激。

陈文雄在探访51号小学，和一位中文名字叫费伯黎的法国小朋友交谈时，发现这位小朋友中文说得很流利，既能说还能写，陈文雄连连夸赞他很棒。

如今在法国，除了华人学中文，像费伯黎这样学中文的法国孩子也越来越多。在陈文雄看来，中文班成了13区居民的优势，因为大家都知道，现在中国是最大的市场，想进入这个市场，第一个需要的就是语言。陈文雄说，未来将通过国会提议在全法国的学校开设中文课。

探访完中文班，不知不觉已是下午2点，还没吃午饭的陈文雄来到13区一家市场买点心。

这是陈文雄最喜欢的一家点心店，店主已经来到巴黎39年，与陈文雄一家有着深厚的交情。

与店主开心地聊了一会儿，陈文雄迅速吃完点心，就准备开始下午的工作。

对于这样的忙碌状态，陈文雄早已习惯了。

从政后，从早晨工作到深夜，已是陈文雄的生活常态。对此，他一直对家人有着深深的愧疚，特别是没时间陪母亲。

虽然对家人感到亏欠，但陈文雄深知，这条路他必须坚持走下去。因为他感到，很多华人想办的事情，是需要政治支持的。而推广中国文化的事情，如果他不去做，那要等着谁去做呢？

作为法国国民议会议员，陈文雄拥有参与制定法律监督政府等权利，倾听和反映居民意见是他的重要职责。而作为一位华裔国会议员，陈文雄还常常为法国华人群体发声。

多年来，巴黎13区的华人一直希望，能在13区建立一座中式牌楼。

牌楼是中国建筑文化的独特景观，在世界很多国家的华人区都能看到中式风格的牌楼，这是海外华人聚居区重要的精神象征。在巴黎建中式牌楼的想法最早是在30年前由一些老华人提出的。陈文雄的父亲陈顺源，正是主要推动者之一。

然而，这个项目申请了很多次，都以失败告终。陈文雄的父亲陈顺源在2016年夏天去世，生前他最终没能看到牌楼建成。

"各个地方、各个国家的'中国城'，都有这座牌楼，我们巴黎没有，这个我觉得应该补充啊！"陈文雄说。

然而，法国人的希望是，大家生活在一起，都是平等的，不应该分隔开。如果放扇门，有不让别人进去的感觉。

文化的差异让法国人很难接受建立牌楼的想法，牌楼项目在很长一段时间陷入停滞状态。陈文雄当选13区副区长后，开始重新推动这个项目。

了解到法国人的想法以后，陈文雄就跟他们慢慢解释，说这扇门没有门，只是牌楼。他们不想把完全中国化的东西搬到法国来，陈文雄就说，那我们找一座能代表中法文化的牌楼。

从2013年开始，陈文雄努力搜索各国唐人街牌楼的资料。针对政府的顾虑，陈文雄提出建设一座结合西方和中国文化元素的牌楼，并积极游说巴黎13区区长顾梅和巴黎市长，项目终于获得批准。

在陈文雄的努力下，2020年8月牌楼终于正式进入施工阶段。但父亲没能亲眼看到牌楼的建成，这成了陈文雄永远的遗憾。

乔治·鲁斯是13区的居民，也是法国著名艺术家。在陈文雄的邀请下，乔治·鲁斯成为牌楼的设计师。经过多次探讨与设计，牌楼将由几条红色金属立柱组成，从不同角度观看构成多元化造型，而在正面观看，则呈现出一个完整的汉字繁体字"門"。

这天，陈文雄和13区区长顾梅来到乔治·鲁斯家里，因为牌楼在建设过程中遇到了问题。

出于对成本和安全问题的考虑，乔治·鲁斯提出要临时调整方案，这让陈文雄有点担心最终效果。

此时，关于牌楼设计，陈文雄提出了他的一个想法。从旅游业考虑，他希望在柱子中间的某个位置，安装一面显示屏，显示各种各样的信息，可以吸引游客来拍照。然而这个提议被乔治·鲁斯一口拒绝。陈文雄主张增强功能性，而乔治·鲁斯则强调艺术性，两人各持己见。

按照计划，牌楼将于2020年春节期间完工揭幕，如今这个重要的日子越来越近，然而还有很多细节不尽如人意。陈文雄内心既期待又忐忑。

2020年2月1日，巴黎13区的众多居民，聚集在舒瓦西大街路口。今天，巴黎第一座中式牌楼的落成揭幕仪式将在这里举行。这座让13区居民期待已久的牌楼被命名为博爱门，博爱是法国国家格言之一，而中国早在2000多年前就提出了"兼相爱、交相利"的理念。

这座融合了中法文化特色的牌楼，象征着巴黎13区各族裔友好相处的美好愿景，这来之不易的时刻让陈文雄十分感慨："这是我们华人几十年的希望。很多事情就是这样的，你必须坚持，不可以放弃。"

博爱门成为13区的一个新地标，它寄托着巴黎13区的华人对故土的思念。陈文雄10年的心愿，在今天画上圆满的句号，而未来他还有很多目标要完成。

"现在我就努力支持第2代、第3代的华人青年去从政，我希望每个地区都能有位华人代表。"陈文雄说。

在法国，很多华人多年来仍然保留着自己的生活习惯，比如，老人很多不想吃西药、看西医，而是想看中医。

可是早些年，在法国想看中医根本不可能。陈文雄说，法国谁能了解还有人需要看中医呢，他们很多人甚至根本不知道有中医。

而如今，陈文雄不但让更多的法国民众接受了中医治疗，还在巴黎的各大医院建起了中医研究中心。他是怎么做到的呢？

2008年4月，陈文雄开始考虑怎样把中医带到法国，带到欧洲。

当时的巴黎13区，虽说已是华人聚居最多的区域，但那里的许多华人青年都不会讲中文，并且陈文雄发现，很多老华人生病的时候不愿意购买西药，又很难通过正规渠道买到中药，于是他有了把中医带到法国的想法。但是根据当时法国的相关规定，这并不容易。2008年的时候在法国，除了针灸，中医在当时的法国甚至是非法的。

"还是有难度，很多医生还是反对，他们不了解，没有这个中医的概念。"陈文雄说。

陈立雄只好一家一家联系当地医院，举办讲座，普及中医疗法。有当地人质疑的时候，他很多次都是亲自上门去解释，并且利用自己当时巴黎13区华裔副区长的身份和中国的卫生部门进行协调。

在陈文雄的沟通下，中法两国卫生部进行了多次洽谈。2009年2月，陈文雄提出的中医研究中心项目，终于在欧洲最大的公立医院落地。

陈文雄当选13区副区长后，主要负责13区的经济发展，除了开设中文班，推广中医，他还推动将13区每年的春节彩妆游行纳入政府计划。

在陈文雄担任13区副区长6年后，2014年他被选为巴黎市议员，成为巴黎历史上首位华裔市议员。2017年，陈文雄代表"共和前进党"参加法国议会选举，在第2轮中以55.26%的得票率当选国会议员，成为法国本土首位华裔国会议员。

一夜间，陈文雄这个名字，再次让法国华人圈沸腾。

在这个 **具有历史意义** 的时刻，陈文雄面对媒体的专访露出了少有的感性一面。他一度哽咽，缅怀自己的父亲，希望父亲在天上能够看到他 **代表华人所取得的成功**。

根据统计，在陈文雄获得的票数中，大约 90% 都是由法国人投出的票，剩下大约 10% 的票是由华人投出的。这说明，华人参政不仅仅获得了华人的支持，还获得了法国人的支持。陈文雄表示："**在法国通过我的经历可以确定：华人的地位已经被法国社会所接受和认可。**"

陈文雄还说："**融入法国社会，或者选择加入法国籍成为法国人，对很多在法国生活的华人来说是很重要的。但我还希望强调一点，不要忘了我们的根在哪里。**"

把华工历史写进法国教材

陈文雄成为法国本土首位华裔国会议员后，他有一个关于华人的重要心愿要实现，要完成。

陈文雄在成为法国国会议员之前，曾担任 13 区副区长长达 9 年的时间，对于 13 区的一切，陈文雄了如指掌。

在巴黎 13 区的布迪古公园里，有一座纪念碑，上面用中文和法文刻着"**纪念在第一次世界大战中为法国捐躯的中国劳工和战士**"。这块碑的背后，有一段第一次世界大战期间鲜为人知的历史。

"那时候，法国打仗之后，就有很多男人都死了，工厂里缺很多人，法国和英国就到中国那边请了很多劳工到法国来帮忙。"陈文雄说。

第一次世界大战期间，14 万中国劳工背井离乡，应募来到法国等欧洲国家，他们在工厂工作，也被派到靠近战争前线的地方，修筑道路、清理战场、运送物资、扫除地雷，2 万多人在战争中献出了生命。然而直到 20 世纪 80 年代，在法国华人努力下，这段被遗忘的历史才渐渐浮出水面。

陈文雄多次来到布迪古公园纪念碑前拜谒。

陈文雄说，是一位教授先发现这段历史，后来他开始进行深入研究，而 13 区华人圈里的企业老板们也非常支持，他们就捐钱建了这座纪念碑。

祖国不会忘记

如今，巴黎13区每年都会组织一些活动，来纪念"一战"中捐躯的华工。陈文雄正是这些活动的主要推动者之一。他们做了很多事情，如播放纪录片给大家看，他们希望一是要让大家知道这段历史，二是也要让法国政府承认这段历史。

2018年11月11日，法国政府在巴黎凯旋门前隆重举行第一次世界大战结束100周年纪念仪式。其间，一位华裔女孩用中文朗读了"一战"亲历者的回忆录片段。时隔百年，华工的历史终于开始得到关注。

然而在陈文雄看来，这还远远不够。他一直有个心愿，就是要把"一战"中华工这段历史写进法国教科书。

为了收集华工资料，陈文雄联系上了一位华工后代。

坐落在塞纳河南岸的波旁宫，是座约有300年历史的古典建筑，这里正是法国国民议会所在地。

这天上午，陈文雄在议会办公室接待了菲利普夫妇。

菲利普的爷爷正是当年漂洋过海来到法国的"一战"华工。

菲利普带来了他珍藏的资料，一本厚厚的影集。他把这本影集取名为"我们的中国故事"。影集中的照片等资料开始于1895年3月10日，这是菲利普祖父出生的日期。

关于爷爷的故事，菲利浦从未听爷爷提起过，直到2012年，菲利浦的姑姑去世，他才偶然发现了姑姑保存的关于爷爷的资料。这些资料中有照片，有当时报纸的报道，有菲利普爷爷和爸爸的合影，还有1917年4月5日签订的华人劳工合同。

"当时他离开了他的家乡安徽灵璧县，他4月在北京签的合同，我猜他8月到达了马赛，因为行程需要最少4个月。当他到了马赛后，接着去了波尔多。"

菲利普说，爷爷徐思九到达法国后，被分配到波尔多的火药厂，主要工作是装填弹药。

签的是5年合同，每一天只赚5法郎，而扣去饭钱、服装鞋子以及看病等费用，每天只剩2.75法郎。6个月内，如果人死了，补给家庭135法郎。

当年"一战"结束后，有少数华工留在了法国，这些人也成为第一批移民法国的中国人。菲利普的爷爷正是其中一员。

用姑姑留下的资料作为线索，菲利普终于慢慢拼凑出爷爷的故事，这让他十分感慨：

"我以前不了解，不清楚，对我来说，我爷爷是独自一个人来到法国，这个可怜的家伙，背上一个背包就来了。但是我以前不了解，我认为很遗憾。年青一代中国人和法国人不了解这段历史，我认为需要坚持，让这段历史得到认可。"

陈文雄感到，像菲利普一样，一部分中国的历史在个人手里，很多这种文件和资料，可能中国也不好找。菲利普也是从2013年才开始有一点概念，2018年他也才知道实际上有14万华工来到这里。而这段历史，很多人根本不知道，包括他们的家人也不知道。

菲利普夫妇提供的珍贵资料让陈文雄更加坚定，他一定要让更多人了解这段历史，他要努力把这段历史写进法国的教科书里。

对陈文雄来说，他踏入政坛最重要的原因就是希望为法国华人群体做实事：**"因为很多我们华人想办的事情，必须得到政治上的支持，如果我们华人自己都不关注自己的事情，没人去关注的。"**

推动中法友好合作

2018年1月10日，法国总统马克龙结束访华之旅，行程中他多次提到侨胞在两国关系中的重要作用。而在马克龙访华团中就有一位华人代表，他正是华人国会议员陈文雄。

对欧洲年青一代来说，过去10多年的全球金融危机和欧洲债务危机，以

祖国不会忘记

及随之而来的经济不景气和年轻人的高失业率，是最为鲜明的成长印记。而这一过程，也是中国快速崛起，国际影响力不断提升的过程。

"我发现许多法国人其实对中国还不够了解。"近年来，陈文雄先后随法国总统、总理、议会代表团访问中国。

2017年9月，陈文雄顺利当选法国国民议会法中友好小组主席，再一次刷新法国华人参政的历史。担任主席近4年来，陈文雄致力于推动中法友好交流与合作，同时积极促进法国国会议员与中国全国人大代表的交流。

陈文雄的父亲陈顺源先生20世纪90年代多次以法国潮州会馆会长身份访问中国，促进中法两国交流合作。

"其实当选后我感到很大的压力，我在国民议会的首要工作就是让议员们了解中国。"陈文雄说，"我将关注国民议会法中友好小组的工作，像父亲那样，积极为中法交流做工作。"

如今，陈文雄不仅做到了在政坛"占有一席之地"，还成了马克龙总统开展对华关系的核心智囊。

从奥朗德时代开始，陈文雄就一直出现在法国总统、总理和多位部长访华代表团的名单里。作为法国总统访华的"两朝元老"，陈文雄早已被法国政界看作是"中国问题专家"。在2018年1月总统马克龙访华前爱丽舍宫的吹风会上，陈文雄的名字就被当作"随团重要政府成员"知会法中媒体。

2018年1月8日，陈文雄陪同马克龙总统乘坐专机飞往访华的首站西安，并参与了总统在西安的所有行程。而之后的两天，陈文雄陪同马克龙会见领导人、参加论坛、出席会议、签署协议、发表演讲等各项活动。

马克龙总统的访华之旅完美收官，陈文雄的工作却并未结束。他说："马克龙总统认为，在法国的华人华侨是法中关系的桥梁和纽带。我将与总统的团队共同努力，发挥华侨华人的作用，让他们成为法中合作成功的积极推动力量。"

早在2013年3月，陈文雄曾作为2013年中国全国政协十二届第一次会议的海外列席代表参会,并积极建言。他当时关注的有3方面:中文教育、文化交流、中法经贸双赢。他说:"我感觉到中国政府有了新的走向、新的看法,而且对外比较开放。我比较喜欢现在这样实在的做法,少说多做。"

中法两国自1964年建交以来,友好交流的历史悠久。陈文雄认为,要促进中法友好交流是一项长期的工作,不仅要做好政府间的工作,还要做好人民之间的交往工作。法国人民与中国人民之间的交流目的,就是让两国人民可以互相了解对方。两国人民之间有很多的共同点,比如,热爱美食、文化底蕴深厚等,我们要抓住这些共同点来推动两国的友好关系。他还特别提出:"我们要警惕,世界上有人不希望看到中法友好。法国政府中,越来越多的官员到中国访问,都对中国非常友好。我认为法国是中国最好的合作伙伴。"

这些年来,中法关系在各方面加速发展,两国全面战略合作伙伴关系带动了各方面的务实合作。陈文雄认为,在政治领域,法国每年接待的中国政府代表团络绎不绝,甚至在法国精英的摇篮——国立行政学院(ENA)也出现了更多的中国人的身影;在经济领域,两国之间投资项目落地开花,并努力开拓第三方市场合作,举办越来越丰富的各级别经济、商贸、投资论坛;在人文领域,中国留学生赴法人数与日俱增,尤其是高等教育领域的交流合作日益深化。中法两国的关系,不能只靠其中一国的努力,而是需要双方共同努力。陈文雄表示,在医疗、气候等领域,很多法国企业很愿意把自己的技术带到中国,跟中国开展切实合作。

中国国家主席习近平2013年提出的"一带一路"倡议,逐渐从倡议变为行动,从理念转化为实践,成为当今世界规模最大的国际合作平台和各方普遍欢迎的全球公共产品。目前,已有100多个国家和国际组织积极支持参与,一大批有影响力的标志性项目成功落地。陈文雄认为,"一带一路"是法国的重要机会,这对中国、对法国、对"一带一路"沿线国家和全世界都是个很重要的发展机会。法中友好小组这几年组织了多项活动,让法国国会议员进

祖国不会忘记

一步了解"一带一路"倡议，希望"一带一路"的相关项目接下来进一步做好深化落实工作。

陈文雄对推动中法两国在文化、教育和经济领域的合作发展充满信心，有很强的责任感和使命感。他卓有成效的工作，受到中法两国从政界到普通民众的普遍肯定。

在同事们看来，陈文雄的成功绝非巧合。法国国民议会议员博纳尔说："我印象里他好像从来不睡觉，总是在做事。他是一个能接受新事物的人，一个懂得倾听的人，是一个致力于他的城市和他的国家发展的人。"

"2017全球华侨华人新闻人物"颁奖词这样评价陈文雄：**"用汗水书写参政范本，他是情系故土的二代华裔，在海外弘扬中华传统文化。责任与使命常记心中，他为华侨华人大家庭做出榜样。"**

作为华裔的陈文雄，很好地融入了法国社会，赢得了主流社会的认可，但他从没忘记他的根在中国。他用他的思想和情怀，用他卓越的工作和成就，展示了新时代杰出海外华人的形象。

音乐欣赏

《故乡的云》

郭鹤年
海外华商投资中国的"引路人"

北宋年间,呼延丕显被封为"双王"。今天,在世界华人企业家中,也有一位"双王"。

他24岁踏入商海,蝉联马来西亚首富近30年。他的公司控制了马拉西亚80%原糖市场、全球20%糖市场,同时他还是世界著名香格里拉酒店集团、中国粮油金龙鱼品牌的创始人,被誉为"亚洲糖王"和"酒店大王"。

他以"水银泻地,无孔不入"之势多元化发展,从白糖、酒店、房地产、船务、矿产、保险、银行、传媒到粮油,不但建立起庞大的商业王国,也创造了无数的奇迹。

他见证了中国的改革开放,是中国最重要的境外投资者之一,曾受到党和国家领导人亲切接见。2012年,他荣获中国中央电视台年度经济人物"终身成就奖"。

他就是著名华裔企业家——郭鹤年。

出生海外不忘根

新山市是马来西亚联邦柔佛州的首府,作为马来半岛3座主要的城市之一,素有"马来西亚联邦的南方门户"之称。

在新山市惹兰亚相有一条街叫"郭钦鉴路"。这是为了纪念中国福建人郭钦鉴对当地的贡献，政府特意以其名字为一条街命名。

1909年受下南洋浪潮的影响，郭钦鉴跟随几位哥哥一起来到新山市谋生。郭氏兄弟共同开办一家专营大米、大豆和糖类生意的"东升公司"。在"二战"后的短短几年里，郭氏家族企业迅速壮大，成为柔佛州乃至整个马来西亚著名的富豪家族。

1923年10月6日，郭钦鉴的第3个儿子在新山市出生，他取名为"鹤年"，是因为家里当时在做粮食生意，希望每年都是丰收年，能有好的收成。

郭鹤年出生的时候，郭钦鉴已经成为"东升公司"的主要负责人之一，家中资财颇丰，郭鹤年算得上一个不折不扣的"富二代"。

在少年时光乃至青年时代，郭鹤年的成长生活都是很优越，先后和两个哥哥就读于马来西亚极负盛名的新山英文书院，打下了英文底子，并进入当地著名的华文学校宽柔中学系统地接受了华文教育，之后又进入新加坡莱佛士学院深造，在那里他与马来西亚两位总理拉扎克、侯赛因·奥恩成了校友；还眼睁睁地看着同窗李光耀如何"想赢得每个争论"。对这段时光，郭鹤年始终念念不忘：**"一个人如果能够改善他的沟通技巧，那么这个世界就会更加接近他。"**

在学校的几年一晃而过，由于受到家族商业气息的熏陶，以及父亲的支持，大学刚毕业的郭鹤年就决定自主创业。1947年，郭鹤年以3万多美元起家，在新加坡成立了力克务公司，经营商务、船务经纪、杂货业等，在这期间郭鹤年得到了很大的磨炼。

"我们的祖籍是中国，无论在哪儿、身处怎样的环境，都不要忘记根本。"

这是郭鹤年父母从小教育他最多的话，他深深地牢记在心，渐渐地郭鹤年一直以自己的祖籍国是中国而感到自豪，同时他的一生也在不断地为中国建设做出贡献。

1948年，父亲郭钦鉴突然去世，这让郭鹤年很是悲伤。

随后，在母亲郑格如的建议下，郭家第2代把家族资产联合起来，组建了郭氏兄弟有限公司，25岁的郭鹤年被推举为董事主席。一夜之间成为掌控家族企业的少帅，郭鹤年感到压力很大，只能兢兢业业谨慎从事。

不料天有不测风云，1953年，郭鹤年的二哥由于参加马共而牺牲，郭家也因此被政府监视。在政治压力下，郭鹤年感到喘不过气，但是对家族的责任感使他不能无所作为，于是，他选择了前往英国，在这个老牌的资本主义国家学习商业技巧。

马来西亚独立后，郭鹤年开始领航郭氏企业这艘巨轮搏击商海，也开启了他充满着传奇色彩的一生。

悄然崛起的"亚洲糖王"

初生牛犊不怕虎。极具商业天赋的郭鹤年很快便显露出过人的眼界和商业魄力。常言说"下棋看五步"，郭鹤年确实是个高超的"棋手"，在商场上他总是能敏锐地洞察先机，下好"先手棋"。

1957年8月31日，马来西亚联邦脱离英国殖民统治，宣布独立。郭鹤年清醒地意识到，一个刚刚独立的国家百业待兴，将带来千载难逢的创业机遇。

有一段时期，郭鹤年注意到，马来西亚的食糖越来越紧俏，食糖价格就像股市中的牛市一直看涨，最高时简直到了惊人的地步：1磅食糖的价格竟然超过1磅树胶的价格。原因在于马来西亚没有自己的糖厂，食糖一直依赖进口。

当时对炼糖业并不十分了解的郭鹤年，虽然看好糖业市场，却并不贸然行事。在其后两年里，郭鹤年对炼糖业进行了全面细致的考察，终于在1961年的郭氏家族董事局会议上提出一个大胆惊人的建议：把全部资金投入炼糖业。

祖国不会忘记

此言一出,全家族哗然,虽然在外国商家垄断中价格不断上涨的糖业,确实有发展空间,但是孤注一掷未免风险太大。最终,郭鹤年力排众议,大举进军制糖业,他顺利向政府租借到大片土地,开垦成甘蔗种植园,大大增加了原料来源。紧接着,他一鼓作气在靠近槟榔屿的北海建起马来西亚第一所炼糖厂——马来西亚制糖公司。从此,马来西亚糖厂炼出的糖渐渐出现在大马的各大市场。

"买糖吧!这是咱们自己炼的糖。"

慢慢地一些杂货店老板自觉地给马来西亚糖厂做起了广告宣传。吃惯了进口糖的马来西亚人见到这廉价的本国糖,都好奇地一试,结果发现"自己炼的糖"一点也不比外国糖差。人们尝到甜头和实惠,纷纷购买,郭氏糖业很快在本国市场占据一席之地。

郭鹤年双头并进,在炼糖业生意看好的情况下,并没有放松转口贸易,他有意识地向东南亚拓宽市场。在得知古巴产糖后,便从古巴买糖,然后转卖给印尼;获悉泰国的原糖不错,又从泰国买入原糖提炼,在自己的糖厂加工后运销到各地。

郭鹤年喜欢做长远、持久的生意,是用时间换空间的大赢家。**"保持对时势和未来趋势的敏感与警觉"**,是他寻觅长远发展方向的成功秘籍,就这样一步步开启了他的"亚洲糖王"之路。

为中国"对手"暗自高兴

1962年,正当郭鹤年在食糖生意上风生水起的时候,有人给他传来了一个"坏"消息。

"最近,在马来半岛上从远方驶来一艘艘货轮,卸下大批的白糖……"得知情况的郭鹤年为此一惊,他知道这些白糖很快就会以排山倒海之势倾泻到大马各个市场上。心想"强龙也得让着地头蛇三分",哪来的对手这么厉害,竟然敢与我这个当地商人分庭抗争？

经过一番调查，对手原来是中国的商户，当时中国外贸部门有意打开东南亚市场，便把大量的中国食糖输入马来西亚等地销售。郭鹤年的仓库里的白糖已经堆积如山，马来西亚糖厂还在不停地生产，如果不扭转这个局面，马来西亚糖厂的生存将成问题。

问题的关键出在哪里呢？

一些销售点的老板反映说，是因为中国糖价格更便宜。由此，郭鹤年决心打一场"价格战"。经过郭鹤年的一番周折，凭借他全面统筹调度，以一批比中国糖更便宜的印度糖，重新夺回了失去的市场。

在这场白糖商战中，郭鹤年虽有些许损失，但他看到中国已经大步迈开了海外贸易之路，内心却暗自高兴，不禁为中国的商贸经济加油鼓劲。

在几位颇具实力的中国商客的友善建议下，郭鹤年也意识到了自己在糖业经营上的被动。虽然投资建了炼糖厂，可以自己提炼白糖，但仍需要从国外进口原糖，仍然受到外国商家的控制。为了摆脱这种被动的局面，那就必须有自己的种植基地，才可以将主动权握在手中。

渐渐地在郭鹤年的带领下，他的糖业生意从此走上了快速发展的道路，一代"糖王"的悄然崛起与中国密不可分。

到20世纪70年代初，人们惊奇地发现，郭氏家族每年控制的食糖总量占新加坡和马来西亚市场的80%，以及国际糖业市场份额的10%。那一刻，年仅四十出头的郭鹤年早已成为名副其实的"亚洲糖王"。

一场"绝密"的商战

早在抗日战争时期，远在南洋的郭钦鉴忧思故国的安危，迅速号召马来西亚的华人华侨，为战乱中的祖国募集大量的捐款，支援抗日。

郭钦鉴的这种爱国精神对郭鹤年的影响很大。

祖国不会忘记

在 1973 年 4 月，郭鹤年接到一个特别的任务。

中国外经贸部所属的华润公司找到他，中国的经济发展需要大量的原糖，而国内供给明显不足，希望他帮忙低价从国际市场购买 30 万吨白糖，同时还想买一些期货，为国家缓解燃眉之急。

虽然郭鹤年当时已是世界顶尖的食糖贸易商，但即使他愿意低价，手上也没有这么多货可以卖给中国。

30 万吨在当时是一个很大的数字，郭鹤年估计，如消息公开，会让糖价上涨 20% 到 25%。

因此，这个生意必须——绝密进行。

要在绝密中买够 30 万吨现货，还要同时买进期货，这是相当高难度的事情，但一想到是祖国需要，而且这么信任他，郭鹤年毫不犹豫地答应了。

"这个忙我一定帮，但我们都得非常之抓紧，要想得快，做得快。"郭鹤年果断将自己的生意先冻结起来，专门用一两个月时间来做这件事。

郭鹤年缜密分析国际市场认为，只有去巴西才能买到这么多糖。但作为"亚洲糖王"的他太招眼，如果亲自去一定会引起猜测。恰逢两三周后，日内瓦有个大规模的国际糖业大会，平时很少出席这类活动的他决定：派人到巴西去买糖，自己则特意报名去参加这个会议。

一场惊心动魄的商战就这样打响。

在日内瓦的郭鹤年"身在曹营心在汉"，一边和国际同行推杯换盏、觥筹交错，一边抓紧部署和跟进着巴西的行动，"每一天都很紧张，过得提心吊胆"。

这期间，一位英国商人突然把郭鹤年拉到一边神秘地说："你知道吗？最近巴西很奇怪，两三个从来没见过的、很年轻的亚洲人，天天在糖区进出，好像有大事要发生。"

"可见他们的情报好厉害。"郭鹤年内心一惊，但很快又恢复平静地问："是吗？你还有什么行情、什么消息，一定要告诉我啊！"转身，则是一脑门子冷汗。

第二天,郭鹤年正聚精会神听着台上的人演讲,这时广播里传出一个声音:"Robert Kuok(郭鹤年的英文名),有你的国际电话。"郭鹤年赶紧接了这个电话:"巴西的同事告诉说,我们有一点进展了。我说,你要快啊,要飞快啊!不然,消息出来要爆啊!而且这边已经知道一些苗头了。"

几天后,郭鹤年的购糖之战大获全胜。他不但成功用低价为中国解决了30万吨食糖,还通过期货市场为中国赚了500万美元。

要知道在1973年,中国的外汇储备是负8100万美元。郭鹤年"一战"为中国赢来的500万美元,绝对是雪中送炭;但作为国际大糖商的郭鹤年,却没从这么大的行情中赚到一分钱,相反还丢掉两个月的生意。

"如果我的公司也加入其中,肯定可以挣钱。"郭鹤年说,"但我不能那么做,因为这样就是对中国的不忠!"

酒店王国再造辉煌

1971年,郭鹤年在担任新马航空公司主席时,看到了亚太地区旅游业将欣欣向荣的征兆。通过研究,他认为现代旅游业的3个主要元素是航空班机、旅游业者及酒店,他准备瞄准酒店行业大做一番文章。

经过深思熟虑,郭鹤年在新加坡建立了他的第一家酒店,取名为"香格里拉"。

据说,关于酒店的名称也是颇具一番神秘色彩。

那是源于郭鹤年小时候听过的一个故事:

> 一名爱好登山的英国青年,来到中国西藏旅游,这位青年被西藏奇特的风光所吸引,四处游览。在登山途中遇险受伤,被当地的藏民送到群山之中的一个地方养伤。这个地方的人古朴友好,还有许多美丽的姑娘,使这位英国青年度过了一段美好难忘的岁月,故

> 事的结尾说,当英国青年伤愈时,被人送出山,他很怀念那个地方,再回去寻找,却再也找不到了,只依稀记得当地人把那地方叫作Shangrila,音译成中文就是"香格里拉",英文的意思是"世外桃源"。

这个从西方流传过来的故事,在南洋一带家喻户晓,还有人根据故事创作过一首华语老歌,名字就叫《香格里拉》。灵感闪过郭鹤年的脑海,他心里一亮:对,就叫香格里拉。

从此,香格里拉酒店也与中国结下了不解之缘。

因为故事从西方传来,西方人熟悉"香格里拉",南洋一带又有华语歌曲《香格里拉》,华人也熟悉它。尤其是故事本身和旅游有情节关联,旅游者来到"世外桃源",大有忘却尘世烦恼之寓意。郭鹤年在新加坡开设的这家酒店便正式冠以"香格里拉"之名,成为日后环太平洋区域一系列香格里拉酒店之首,香格里拉很快步上正轨,并一直是新加坡盈利最高的酒店。

香格里拉使郭鹤年在酒店业一炮打响。

1973年,郭鹤年乘胜追击,在槟城开了香格里拉沙洋大酒店。翌年,位于斐济的香格里拉斐济酒店又开业。这两家香格里拉酒店,服务设施都是当时一流的,在当地是最高级别的酒店。"香格里拉"渐渐成了"高级别"的象征,在以后郭氏开办的酒店中,只有最高档的五星级宾馆才能够命名为"香格里拉"。

郭鹤年在酒店业上的大举投资,使他环绕太平洋区域建立酒店王国的计划基本完成,郭氏在酒店业中再创辉煌。在郭鹤年的悉心培植下,香格里拉酒店很快成为一个跨国性的酒店网络,成为亚洲地区最大的豪华酒店集团,主要分布在中国,以及柬埔寨、印度、缅甸、菲律宾、卡塔尔和斯里兰卡,被视为世界最佳的酒店管理集团,也是华人社会唯一得到世界顶级认同的酒店品牌。

有人说，在我们每个人心中都有一个"香格里拉"，那是一个让世人所向往的"神秘天堂"。而郭鹤年则以自己敏锐的商业眼光，为世界打造了一个"香格里拉"王国。

至此，继"亚洲糖王"美誉之后，郭鹤年又赢得了"酒店大王"的殊荣。

打造中国版"香格里拉"
"中国旅游业一定要发展，能帮它发展就帮它发展。"

在早期与中国的频繁往来中，郭鹤年遗憾地发现，有着丰富旅游资源且以开放姿态努力融入世界的中国却没有好的住宿条件。

出于对祖国建设的关注以及对中国旅游业未来发展的信心，1978 年，郭鹤年投入巨资在杭州通过改建打造了中国内地第一家香格里拉酒店。

当时，改革开放政策刚刚在中国提上议程，郭鹤年和正面临巨大变动的中国一起摸着石头过河。这可谓是为中国现代化建设做出了不可磨灭的贡献。

20 世纪 80 年代香港的一些大富豪就连在香港投资物业都瞻前顾后，更别说到祖国内地投资了，一有风吹草动便走资国外。而郭鹤年早有向祖国发展的宏伟计划，在长期的商贸活动中，他结识了不少祖国的商家，有着进军祖国的便利条件。

1983 年，郭鹤年正式挺进祖国，他的"先头部队"很快找到了新合作对象。他们与北京四季青公社、经贸部五矿进出口公司签约，兴建该集团在北方的第一家酒店——北京香格里拉酒店。

然而，东南亚酒店业在 80 年代中期一度陷入不景气状况，郭鹤年认定不景气只是暂时的。酒店业将看到"太阳的再度照耀"，郭鹤年对经营酒店业情有独钟，通过长期的投资实践，他摸索出了一套酒店业的经营之道。

20 世纪 90 年代初，酒店业气候回暖。郭鹤年在环太平洋区域继续扩充他的酒店王国。1991 年 3 月，郭氏集团与华润合作的港岛香格里拉开业。港岛香格里拉耗资15亿港元兴建，高56层，拥有564间客房，设施一流，管理也一流，后来在香港酒店业中一直独领风骚。

深圳火车站东侧有一幢33层高的亚洲大酒店，1991年，郭氏集团突然宣布已购得其90%股权，并且将它改名为香格里拉大酒店。仅用了一年的时间，郭氏将该酒店内部装饰一新，把它改造成为五星级酒店。

"让中国几乎每座著名城市都拥有一座香格里拉酒店。" 自1987年北京香格里拉饭店落成至今，嘉里建设集团已在祖国兴建了包括哈尔滨、长春、沈阳、大连及青岛、福州、武汉、长沙、呼和浩特、深圳等地在内的近20家香格里拉酒店。

香格里拉，是静卧在中国西藏群山中的"世外桃源"，群山环抱，远离尘嚣，美景如画。在郭鹤年心中，他构建的"香格里拉"就是这样一个幽雅的心灵居所，他希望这里能成为所有人心中的"世外桃源"，可以不受干扰地卸下所有负担，尽享生活的静谧与美好。

移师香港扮靓"东方明珠"

香港在20世纪70年代迅速成为国际贸易中心、国际金融中心和国际信息中心。

郭鹤年看准了香港在贸易活动中的重要地位，随着贸易活动的频繁开展，郭鹤年越来越深刻意识到：香港这颗"东方明珠"将成为亚洲乃至世界经贸活动的中心之一。

"必须在香港这个经济舞台上占有一席之地，以便将来向周边国家与地区辐射，还可以把中国的经济带动起来。"郭鹤年是这么想的，也是这么干的。

1974年1月，郭鹤年当机立断在香港成立"嘉里贸易公司"，从事期货买卖，注册资本4000万港元，并在其下成立了贸易、房地产、金融服务等事业部门，在当地展开大规模的投资行动。

两年后,郭鹤年把总部迁到香港。从此拉开了大举进军香港的序幕,揭开了他创业史上的新篇章。

进入20世纪80年代,中国与英国就香港1997年回归祖国谈判期间,当时香港投资气氛十分低迷。但郭鹤年对香港回归中国后的发展充满了信心,此间将大笔资金投向了香港房地产业——先后与林绍良在尖沙咀东部地区兴建了拥有720个房间的香格里拉大酒店;与黄廷方在尖东兴建写字楼;与中资的侨光置业合资发展杏花村;与华润合资建港岛香格里拉酒店。这种"人弃我取"的投资气魄,令其在香港声名大噪,成为名震香港的商界大佬。

1997年7月1日,香港举行了盛大的交接仪式。香港举行了有史以来最大的电视卡拉OK,数百万人同时跟着电视合唱《明天会更好》和《东方之珠》。

"香港就像个刚回家的游子,但它身后的家是大中国,'东方之珠'必定闪耀东方,辉耀世界!"郭鹤年相信香港的发展,因为他坚信中国必将崛起,即便在金融风暴狂扫亚洲时,他也坚决不撤资,为中国战胜金融危机赢得时间。

"郭鹤年是个可以影响香港经济晴雨表的重量级人物。"一位对香港经济颇有研究的中国学者在接受记者采访时如是说。

2014年9月,郭鹤年等名流赴京,受到国家主席习近平的亲切接见,与中国最高领导人一起讨论香港的未来发展,描绘香港更加美好的明天。

投资一座中国人的"争气楼"

国贸中心——坐落在寸土寸金的北京中央商务区,今天已是首都地标,人潮如织、光彩夺目,总建筑面积56万平方米,集办公、住宿、会议、展览、购物和娱乐等多功能于一体,是众多跨国公司和商社进驻北京的首选之地。

这一项目就是郭鹤年在前后持续超过30年的经营,为中国北京打造的第一个国际商业圈。提及当初的决心,郭鹤年说:为中国人争口气。

1978年中国实行了改革开放,国门打开、招商引资,面对着略显寒酸的家当，国家领导人提出：我们要建一个拿得出手的贸易中心。

可钱从哪里来？国外财团有钱，但附加了许多苛刻的条件，导致这一项目一直搁置。

直到1984年的一天，郭鹤年的伙伴林凯行色匆匆来到他家里。

"北京建国门外有个大项目，要做成面向世界的窗口和标志，这个你来竞争一下吧！"

"这样的项目一定有人竞争，如果是中国人我就不要参与了。"

"问题就在这里，这也正是我登门向您发出邀请的原因！"

没有寒暄问候，已是花甲之年的郭鹤年话语中透着他对中国的真诚和爱护。一番细聊后，郭鹤年得知因为当时的美国财团和日本政府的一家银行在主导这个项目的竞争。

"这个项目必须由中国人自己来建设。"于是，郭鹤年当场就做出决定，"我们要争志气，不要给外面人看不起我们中国人……这件事情，应该我们中国人自己来做。"

郭鹤年做出这个决定，并不是从投资者的角度出发，而是以一个爱国者的身份。

当时建国门附近那块地是很荒凉的，有人劝他，别一股脑把钱都砸进去，万一赔了呢？郭鹤年却不为所动，仍然坚持自己的报国之意。

随后，郭鹤年找到了外经贸部，提出由他来出资建设贸易中心，前前后后足足投入了5.3亿美元。要知道，在20世纪80年代，5亿美元绝对是一笔巨资，也是当时外资在中国的最大一笔投资。可想而知，当时郭鹤年确实是冒了很大的风险、下了巨大的决心、表现出了惊人的魄力。

为了凑钱，郭鹤年不仅关停了旗下大部分业务，还向银行借了一笔钱，可谓费尽周折。国贸1期项目结束，他义无反顾继续筹备建设第2期、第3期。也是在这个时期，郭鹤年还不忘为1990年北京亚运会捐出200万美元。

1985年，国贸中心正式开建，花费了5年时间才建成，建筑面积有56万平方米，拥有110万平方米的出租面积，而当初花费巨额投资的郭鹤年，早在1996年就还完了银行欠款，让很多人羡慕不已。

正如郭鹤年当初所说的，**只有国家发展好了，人民才有好日子，企业也才能更好地发展。**

如今，国贸中心犹如一台"超级印钞机"。国贸中心3期落成后，不但是北京最高的建筑，更是中国人团结一致、永不服输的精神象征，许多中国人称之为"争气楼"。

服务中国餐桌20年

在如今的中国，很多人可能还是对"郭鹤年"这个名字感到陌生，其实大多数中国人都曾和他有过"业务往来"，只要你买过"金龙鱼"的食用油。

在中国，郭鹤年旗下"金龙鱼"粮油，凭着占据45%市场份额的"霸气"，早已在内地家喻户晓。

1986年，郭氏集团注册了"金龙鱼"商标，开始在马来西亚销售"金龙鱼"牌小包装油。在尝到甜头后，郭氏粮油加速扩展海外市场，在中国组建了嘉里粮油集团。

当时中国还是统购统销制，国内是散装的二级油，质量并不好，郭氏家族就抓住机遇生产小包装油，成立精炼厂。郭鹤年派侄子郭孔丰来到深圳投资建立第一家油脂加工厂，拉开了向中国市场进击的序幕。

1991年，"金龙鱼"的第一瓶小包装食用油在深圳面世，并以自己的先进理念改变了当时散装油为主的消费方式。在获得成功后，嘉里粮油继续研发，推动产品升级。2002年，"金龙鱼"第2代食用调和油上市，并获得中国国家发明专利证书，与之而生的"营养健康"的食用油消费理念成为中国老百姓饭桌上的新潮流。郭孔丰也因此被誉为"改变中国人餐桌的人"。

"我们做粮食生意，是为老百姓服务了，一定要注重食品安全，只有确保食品质量，才能不辜负消费者的信任……"这是郭鹤年在经商中，母亲和他经常讲的话。也正是这种"注重食品安全"的观念，让郭鹤年的粮油帝国领军中国市场20余年，为中国人的餐桌服务20余年。

2018年，郭孔丰不但荣获齐齐哈尔"荣誉市民"称号，更拿下了全球最难的"中国绿卡"（中华人民共和国外国人永久居留身份证）。

对此，郭孔丰充满自豪地表示："我现在可以说是一个真正的中国人了！"这番话也戳中了郭鹤年的心声。

投身慈善回报社会

"亚洲糖王""酒店大王""粮油大王""马来西亚首富"，这些令常人艳羡不已的头衔却并没有使郭鹤年满足，在商界叱咤风云的他，把精力投向了慈善事业。

东方人往往更倾向于把所有财富都留给子女，郭鹤年却对此并没有什么执念，他对财富的这种淡然态度得益于他的母亲。

郭鹤年一直珍藏着他母亲留下的一块铁板，视为珍宝，他母亲在上面亲手刻下："儿孙能如我，何必留多财，倘若不如我，多财亦是空，不为自己求利益，但愿大众共安宁。"

赚的钱要回归社会，越多越好。这一直是郭鹤年的人生信条之一。

"当看到那双渴望的眼睛，中国人内心的爱和善意立刻就被唤醒了！"当凝视中国"希望工程"宣传画上小女孩的那双"大眼睛"，郭鹤年感受到了一种直抵人心的感染力。

为了让更多的孩子获得接受教育的机会，2005年，郭鹤年向中国少年儿童基金会捐助资金5000万元。此后，他还在全国21个地区援建了31所益海学校，资助了32个助学项目，超过12000多名学生和900多名教师受益。郭鹤年给基金会的信中写道："**人生在世，有两件事要做的：首先要刻苦工作，努力奋斗，安排家庭的生活；同时，也要帮助一些在教育上有需要的人。这样社会才会和谐、稳定和进步。**"

不仅如此，郭鹤年家族还启动了"'金龙鱼'慈善公益基金会"，从2008年起陆续设立了"'金龙鱼'复明工程""敬老扶幼项目""'金龙鱼'奖学金"等公益慈善项目；郭家企业员工们也积极参与社区服务和公益活动，通过更多的方式去帮助老、幼、病、残等弱势群体，累计受助人数超过30万人次。

2008年汶川地震后，郭鹤年家族、郭家企业香港嘉里集团，向灾区捐款港币、人民币合约1.3亿元。

2013年，郭鹤年捐赠1亿马币给厦门大学马来西亚分校，这笔钱折合人民币大约为2亿元。

"这些捐赠的资金都是带有温度的！"许多受益者发出这样的感慨。也许是郭鹤年的热心所致。

家国情怀永志不忘

"洋装虽然穿在身，我心依然是中国心"这一句歌词道出了许多海外华侨的心声。从抗日战争时期的踊跃捐款，到改革开放时期的大力投资，华人从未忘怀母国的命运。

传奇华商郭鹤年正是无数南洋华人的缩影之一。

太史公曰："**常思奋不顾身，而殉国家之急。**"郭鹤年虽然是马来西亚国籍，但中国人的家国情怀和济世之意，却已经融在了他的血脉之中，无论是年轻时的意气风发，还是现在耄耋之年，他始终积极参与到祖国建设的事业中，用行动来表达他对祖国的拳拳赤子之心。

在接受香港《大公报》专访时，郭鹤年说："**我的心分成两瓣，一瓣是爱我生长的国家马来西亚，一瓣是爱我父母生长的家乡中国。**"

祖国不会忘记

2014年，在第8届福建同乡恳亲大会中，当时已经91岁的郭鹤年亲自担起大会筹备工作，在大会上鼓励闽商华侨积极响应国家号召，为家乡建设做贡献。也许许多人并不知道，我国改革开放以来第一位投资中国的马来西亚企业家正是郭鹤年。

"**我越听人说中国落后，越觉得有朝一日中国会让世界刮目相看。我必须助我的中国同胞一臂之力。**"这些年来，郭鹤年在中国的投资已达百亿规模之巨，项目遍布大江南北。他是名副其实在中国投资规模最大的海外华商之一。

郭鹤年对中国的贡献，早在31年前就受到中国改革开放总设计师邓小平的高度赞誉，并受到专门接见。那天，邓小平握着他的手，高兴地拍照、交谈，盛赞他为中国改革开放和城市建设做出了巨大贡献："你和我一样，都是'引路人'的角色。"这次谈话，被收入《邓小平文选》中。

2012年12月12日，CCTV年度经济人物颁奖盛典在北京举行。当主持人宣布将"终身成就奖"颁给马来西亚华商郭鹤年老人时，在座的中国政要、经济界名流以及场内嘉宾纷纷起立，报以热烈而持久的掌声。

那天，当郭鹤年走上领奖台，接过"2012年经济年度人物终身成就奖"奖杯时，脸上溢满了微笑，一边举杯，一边向台下的嘉宾们致意。他步履稳健、气宇轩昂、神采飞扬，若不是主持人的介绍，很难有人相信，这是一位年近九旬的老者。

"**只要我还有能力贡献，我就不能歇息。**"郭鹤年的经历正是华人侨商的缩影。他们不在华夏，却时刻铭记身上流淌着中华文化的血脉，他们挂念着中国，为祖国的发展不断添砖加瓦。时代在变，初心却不改，他们用岁月证明了什么是"我的中国心"。

音乐欣赏

《妈妈教会我一首歌》

霍英东
爱国爱港的华人典范

出身水上人家的香港"地产大王"

1923年5月10日,霍英东出生于香港一户水上人家。他排行第4,有两个兄长、一个姐姐和一个妹妹。

霍英东祖籍广东番禺。祖父霍达潮曾拥有大帆船,从事省港之间的货运生意。但到霍英东出生时,家境已相当贫寒。父亲霍耀容靠租船驳运维持一家人的生计。像许多香港水上人家一样,那条全家人赖以居住容身的、常年漂泊于水上的小货船,便算是霍家唯一的资产了。

霍英东7岁时,巨大的灾难降临到这个家庭。当时,霍英东的母亲刘氏和叔父,正带着他的两个哥哥在海上运货,海面风云突变,台风巨浪袭来,货船解体,两个哥哥不幸被茫茫怒海吞没,母亲抱着断橹,死里逃生。原本患病的父亲经受不住巨大的丧子之痛,不幸离世。

坚强的刘氏带着3个子女,迁到湾仔石水渠街一栋旧楼里,租了一小块地方,勉强安顿下来。没有了自己的驳船,她只能依靠丈夫的旧关系,从大货轮接了生意,再组织劳力和舢板装运,从中赚一点佣金。

祖国不会忘记

霍英东很小时，便由父亲送入"卜卜斋"（私塾）读书，9岁时，考入敦梅小学专为水上人家子弟设置的免费班，在这里读了4年书。霍英东一生痴恋体育，就萌芽于他在敦梅小学读书期间。

1936年，霍英东以优异成绩，考入香港的著名中学——皇仁书院。这是一所成立于1862年的公立学校，在香港颇有影响。霍英东不负母亲的期望，几乎每年考试都是全班第一。母亲喜极而泣，她觉得生活突然充满了光亮。

在这所学校，霍英东学会了一口纯正的英语，这为他后来赚第一桶金打下了基础。

1941年12月7日，日本偷袭珍珠港，太平洋战争爆发。8日一早，霍英东上学还在等电车的时候，大批涂着鲜红太阳标志的日本轰炸机像鸦群一样出现在维港上空，香港即陷入战火。也就是从这天起，霍英东被迫永远结束了学生生活。

霍英东离开学校不久，就开始在社会上谋生。他先在一艘轮船上做伙夫，后又在太古船坞当过打铁工，在启德机场干过苦力，学过开车，当过化验员，扛过粮袋……在一年多的时间里，他干过七八种工作，饱尝打工的苦累和生活的艰辛。

1943年，霍家迎来了两件喜事。一是霍英东和母亲凑钱开了一家杂货店，取名"有如"；另一件事是19岁的霍英东结婚了，新婚妻子叫吕燕妮。

抗战胜利后，霍英东遵从母命，将"有如杂货店"出让，以所得的7000港元购置了一艘小货轮，和母亲重新操起驳运生意。

一次偶然的机会，霍英东在一份英文报纸《宪报》上看到了拍卖战时剩余和破损物资的通告，当时香港的普通民众中懂英文的并不多，于是霍英东决定利用信息差来倒买倒卖。他看中了一批船舶机器，便向妹妹借了100元，然后参加投标，幸运的是，这批机器一转手，霍英东净赚2.2万港元。当时一个普通打工仔的月薪只有一两百元，霍英东终于拥有了他的第一桶金。

1950年，朝鲜战争爆发。

1951年，在美国等一些西方国家的操纵下，联合国大会通过了对中国实施全面封锁禁运的决议。自这一年起，港英政府陆续颁布了一系列的相关禁令，规定了许多物品为禁运物资，其中甚至包括纺织品及医疗等日常生活用品，这给许多香港商人带来了商机。

在当时的环境下，富于冒险精神而又善于捕捉商机的霍英东，自然也就顺理成章地加入为内地运送禁运物资的行列。他从运送少量柴油起步，最初在澳门交货，后来直接将大量铁皮、橡胶、轮胎、西药、棉花、纱布等稀缺物资运往祖国内地。霍英东的团队也逐渐发展为拥有几十艘机帆船的大运输船队，成为香港运送禁运物资船队中规模较大者。

多年后，霍英东回忆说：**"那时的我有一种敢于冒险敢于接受挑战的英雄主义性格，我冲破政治禁运，跟内地做生意是很自然的事，况且从事这种贸易我比别人有条件。3年下来赚了一些钱，但付出的代价很大，每天的精神都处于高度紧张的状态中，身体也变得更为瘦弱。"**

这段经历对霍英东的人生影响极大，一方面，他为此上了美国和港英政府的"黑名单"，另一方面，霍英东从此崛起，成为香港战后的新一代富豪。

20世纪40年代末50年代初，随着香港人口的急剧增长，土地和楼宇显示出庞大的市场需求。霍英东预见到香港房地产业的巨大发展前景，于1953年6月，以465万港元注册成立霍兴业堂置业有限公司，从此开始进军香港的地产市场。

他首先以280万港元购买了香港世家利氏家族位于铜锣湾的使馆大厦。霍英东认为："拥有一栋大厦，一来可以把自己的那些钱和黄金转移到物业上来，安全保险；二来可以向世人证明自己的实力和身价，便于自己在地产界的发展。"

年底，霍英东又收购了香港九龙油麻地榕树头公众四方街到东莞街的一块地盘，开始兴建楼宇。随后，霍英东实施了一项石破天惊，也是奠定他在香港地产界至尊地位的最伟大创举。

简单来说，这套举措主要包括3项内容：一、出售房子，而不是传统的出租房子。二、编印售楼说明书。三、"卖楼花"，就是售楼时，一改以往的全款支付方式，先收一部分定金，余款分期支付。

特别是这最后一招，看似简单，却令全世界的地产商都如饮醍醐，豁然开朗——对买家而言，门槛之低，连月入二三百的工厂女工也有买楼的可能了，只要先交一笔不太大的定金，就可以预购一个单元，等楼宇建成后补足余款，便可拥有自己的物业，大大减轻了买楼的经济压力；对卖家而言，用买家的预付款来盖楼，减轻了风险，资金回笼快，回报率明显高了。这是一个皆大欢喜的双赢结果。

1955年，霍英东用"卖楼花"的办法，只动用了10.3万元资金，在半年的时间里就建成了总投资达200多万元的蟾宫大厦。这座位于利园山上的大厦，高17层，临海而居，是当时香港最高的大厦。

"我第一次站在蟾宫楼顶，居高临下，成功感和满足感油然而生。我做梦也想不到，一个上无片瓦，下无立锥之地的水上人家的孩子，竟然拥有一栋全港最高的大厦，每次伫立于蟾宫楼顶，眺望周围景色，想起自己的身世和走过的坎坷道路，我总是百感交集。"霍英东回忆说。

富于创新精神的霍英东在香港房地产界取得了巨大的成功，自此，他成为香港最大的华资房地产商之一，挤身于富商巨贾的行列。

霍英东在香港房地产界的作为影响巨大，他在经营上的创新，促使香港的房地产业步入了一个黄金时代，而房地产业的振兴直接推动了香港工业、商业、旅游以及金融等行业的发展。所以有人称，"卖楼花"不仅是霍英东事业的重要转折点，也是香港房地产业乃至整个香港经济发展的一个里程碑。

目睹香港地产业的蓬勃兴旺，各项建设蓄势待发，霍英东敏锐地意识到，建筑材料也必将随行就市，一涨俱涨，于是他把眼光投向了最常用的建筑材料——沙子。

早在1953年，几乎就在进军房地产业的同时，霍英东便成立了有荣工程公司，专营海沙生意。政府每次公开招标，有荣公司都全力以赴，志在必得，几乎每投必中，没有对手可与之争锋。

为了改革旧有的采沙方式，霍英东从海军船坞买来挖沙机器，后来又改用机船挖沙，派人到欧洲订购了一批先进的挖沙机船。经过发展，有荣公司拥有了20艘采沙船。当时许多市政和海港工程所用的沙子，几乎都由有荣公司一手包办，霍英东也因此在"地产大王"之外，多了一个"海沙大王"的美名。

但由于港英政府对海沙的垄断经营，把收购价压得很低，采沙的利润空间微乎其微；加上后来在建筑中愈来愈多使用各种新型复合材料，海沙用量逐渐减少，光靠满足感与责任感，不足以支撑这一门生意。因此，有荣公司逐年减少了采沙量，把更多的资源投放到承接市政和海港工程上。

从1958年起，霍英东承接政府工程逐年增多。从事这些工程项目，他考虑更多的并不是赚钱，但是这些填海开港、海底清淤、疏浚河道、架桥铺路的市政工程建设，对香港繁荣和发展的积极作用是有目共睹的。

就在20世纪50年代末，霍英东为公司发展寻找新的突破点之际，另一个也在为自己的事业寻找突破点的人，把目光落在了霍英东身上。这个人就是霍英东的皇仁书院校友、同为香港巨富的何鸿燊。

博彩业一直是澳门的重要经济支柱，也是澳门的主要经济来源。当时澳门的这一行业已由泰兴公司垄断了20多年。1961年，新任澳督马济时希望提高赌场的纳税额以增加政府收入，于是决定对这一专有权重新竞标，暗标竞投，出价高者获得专有经营权。一直觊觎澳门赌场的素有"赌圣"之称的叶汉联合何鸿燊的姐夫叶德利，企图拉何鸿燊和霍英东一起竞标。

祖国不会忘记

霍英东断然拒绝，何鸿燊亦不积极。就在赌牌竞投的前夕，霍英东应邀前往澳门参加一场慈善足球赛，然而来到澳门才发现，他与何鸿燊都被卷入了赌牌竞投的是非旋涡。在进退两难的情况下，一向不愿意涉赌的霍英东，最终鬼使神差般地进入了澳门赌行。但他始终不介入娱乐公司的具体事务，并且提出将开赌场赚得的钱用于繁荣澳门经济的建议。由于承担澳门的一些工程项目，发展外港以及德信船务公司的客运投入，在后来的公司股权调整中，霍英东竟然成了最大的股东，占了1/3股权，并出任澳门旅游娱乐公司的董事长。

霍英东、何鸿燊等人介入后，澳门赌业，乃至整个澳门，都焕然一新。澳门一跃成为世界三大赌城之一，博彩业成为澳门的经济支柱，澳门经济也得到了突飞猛进的发展。

1986年，由于不赞成澳门当局与公司签署的补充条约，霍英东辞去董事长一职。随后，他又退出公司，成立了澳门霍英东慈善基金会，将所属22万股在澳门旅游娱乐公司的股份全部注入基金会，用以发展澳门及内地的教育、医疗、体育及文化事业。

在20世纪70年代初，第四次中东战争引发的石油危机，对香港乃至对全球都造成巨大冲击。已经开始从地产业抽身的霍英东，这时看到了其中的巨大商机。1973年，霍英东与人合资成立东方石油有限公司。随后，他们马不停蹄与内地进行谈判，顺利取得了石油出口的代理权。就在这一年，第一艘抵港的中国邮轮大庆"201号"运载着4000多吨煤油，驶入观塘的蚬壳油库码头。这是东方石油代理的第一批中国石油。

1974年6月，从湖南长岭炼油厂出口到香港的第一列中国列车，风驰电掣抵达刚刚竣工的红磡火车站。这是霍英东的商业王国，第一次与内地的国营企业公开合作，向内地进军。这位年过半百，曾经的船民之子，如今的香港巨贾富商，终于敲开了与中国内地正式合作的大门。

为中国体育事业做出巨大贡献

霍英东曾对人说：**"我有 3 个热爱：热爱自己的国家，热爱家乡番禺，热爱体育事业。"** 从小就痴迷体育的霍英东，在他精彩辉煌的一生里，为中国体育事业做出了独特而重大的贡献。

新中国成立后，由于国际奥委会坚持不肯开除台湾会籍，"一中一台"两个中国问题无法妥善解决。1958 年 8 月 19 日，中国宣布断绝与国际奥委会的关系，并在 1958 年先后退出了包括国际足联、国际田联、国际举联等在内的 15 个国际单项体育组织。在此后的 20 余年里，许多重要的国际体育比赛都与中国无缘。

1971 年 10 月 25 日，第 26 届联合国大会恢复中华人民共和国的合法席位。第二年，亚洲乒乓球联盟成立，中华人民共和国拥有合法席位，中国开始了重返国际体坛之旅。

1973 年，以霍英东为团长的香港体育界参观团先后到北京、上海、广州等地参观游览，进行足球比赛。霍英东承诺，愿为中国重返国际体育大家庭出力。

从内地返回香港后，霍英东即以极大的热情，为推动中国重返国际体坛，在国际间开始进行广泛的游说工作。在霍英东的积极活动和时任国际篮联秘书长威廉·琼斯的大力支持下，1974 年，中国终于得以恢复在国际篮联的席位。但霍英东的眼睛紧盯着国际足球联合会，这才是所有单项运动组织中拥趸最多、影响最大的。

1974 年 6 月，国际足联在德国法兰克福召开第 39 届大会。霍英东作为香港足球总会会长与国际足联执委的亚洲代表，费尽唇舌，希望在大会上采用举手表决方式决定中华人民共和国重返国际足联，因为条件不成熟而失利。

国际足联的大门暂时未能叩开，霍英东决定改变策略，从亚洲足联入手。1974 年 9 月，第 7 届亚运会在伊朗德黑兰举行，亚洲足联也于此期间在德黑兰召开大会，霍英东联合伊朗、科威特等国代表提出中国入会问题。经过艰苦的努力，中国以 3/4 的得票重返亚洲足联。这也为中国全面恢复在各大国际体育组织的合法席位奠定了基础。

霍英东的长子霍震霆曾多次跟随父亲为此奔波，他回忆说："记得有一年大年初一，我跟父亲一起飞到德黑兰去开会。几小时的会议开完，我们马上返回香港，因为过节在香港也还有很多事情。恰巧飞回香港的飞机，正是送我们来的那一架。空姐说：'咦，你们不是刚刚下飞机，怎么又飞回来了？'"

中国加入亚足联后，霍英东继续为加入国际足联而奔波。直到 1979 年 8 月，霍英东陪同国际足联主席阿维兰热率领的国际足联访问团到北京，商谈中国加入国际足联问题时，霍英东才从中看到了一点点希望。10 月，经过霍英东和阿维兰热的努力，国际足联在瑞士苏黎世召开的执委会上，终于做出恢复中国在国际足联合法席位的决定。

紧接着，10 月 25 日，国际奥委会执委会在日本名古屋举行会议，正式做出恢复中华人民共和国在国际奥委会中的合法权益的决议。11 月 26 日，国际奥委会全体成员通讯表决，一致通过了该决议。

中国终于又回到了国际奥委会的大家庭。

《广州日报》曾经这样总结霍英东的这段经历：霍英东全家总动员，以整个家族的关系和资本，全球奔波，纵横捭阖，真情奉献，为中国体育重新加入世界大家庭写下了历史性的一页。

其实，这些辉煌奉献和功绩只能说是霍英东支持中国体育事业的开始，在以后的岁月里，霍英东频频以"真金白银"，支持中国体育事业的发展。

1988 年 7 月，国际足联致函中国足球协会，建议首届世界女子足球锦标赛于 1991 年 11 月在广东举行。中国足协发愁了，他们当然希望能够把握这个机会，却囊中羞涩，甚至一度做出放弃的决定。霍英东得知后，表示"全部经费我负责"。

霍英东不仅出钱赞助比赛，还出资兴建体育设施。1986年，他捐资522万元，在家乡番禺建了英东体育场。

在美国洛杉矶举行的第23届奥运会上，中国选手取得金牌亚洲第1、世界第4的好成绩。霍英东宣布捐出1亿港元，成立霍英东体育基金，发展中国的体育事业。

1988年，在第24届奥运会前夕，霍英东又捐出200多万港元，用来奖励在奥运会上夺标的运动员。奥运会闭幕之际，由霍英东捐资3000余万港元，历时4年兴建的中国大学生体育训练基地，亦在广州中山大学落成。

第11届亚运会闭幕后，中国开始积极筹备申办2000年奥运会。8年之后，北京终于申办成功，对于这份迟到的成功，霍英东喜不自胜。参加完庆祝活动回到家中已是凌晨2点，他仍然兴奋得难以入睡，只好跳到游泳池中为自己"降温"。

在不久后的一档访谈直播节目中，霍英东表示，香港有条件承办2008年奥运会部分赛事，如香港的强项——滑浪风帆等。如果事成，可能需要兴建选手村等设施。"只要对本港体育事业有益的事，我都愿意尽一份力。"

2004年1月24日，北京为迎接奥运而兴建的国家游泳中心"水立方"举行奠基仪式。霍震霆参加活动并代表霍英东基金会向水立方捐赠2亿港元。霍震霆说，2008年北京奥运会是全世界华人的一大盛事，是中华民族伟大复兴的一个标志性事件，作为中国人的一分子，能够为北京奥运尽力，深感无上光荣。这番话也是代表他的父亲霍英东说的。

2005年7月8日，经国际奥委会同意，香港成为北京2008年奥运会马术比赛的举办地，霍英东的愿望得以实现。

在霍英东基金会20周年的纪念册中，人们看到这样一段记载：

祖国不会忘记

> 霍英东先生成立霍英东体育基金会,在内地、港澳各地建设20多个(具有)现代水平的各种体育运动基地、中心、场馆和设施,培养体育人才;推动中国流行的羽毛球运动与中国象棋进入国际体坛;设立各种奖金,奖励在比赛运动中取得优异成绩的体育人才;在国内外赞助、支持和直接参与组织各种体育活动,其范围从北京亚运会的场馆到南国边陲的县城体育中心,从国际奥委会到美国的春田大学,从香港的东升/愉园体育会亚太体育服务公司,到家乡的体育运动场,从女排、女足、奥运会奖牌得主到震动田径界的马家军,从足球、排球、网球到高尔夫球,从游泳、跳水、武术到象棋,从国际会议参观、交流、接待,到兴建规模巨大的中国体育历史博物馆。

三座宾馆

进入20世纪70年代,霍英东与祖国内地的联系日益紧密,他越来越感受到内地形势的巨大变化,对投资内地参与祖国经济建设充满了憧憬。

1978年夏秋之交的一天,霍英东带领全家人,由老友、番禺同乡、曾有"澳门王"之称的何贤当向导,第一次回到故乡广东番禺县。县委在条件最好的县委招待所接待霍英东一行,可是这家号称"条件最好"的招待所,房间简陋不堪,厕所臭气熏天,水箱锈迹斑斑……

当时,香港富商张耀宗正率领一个旅港番禺同胞团回乡观光旅行,在与霍英东一起谈论对家乡的观感时,张耀宗提议在番禺兴建一家现代化宾馆,让港澳同胞和外商来了,有个好一点的住宿环境。霍英东了解到,当时番禺政府也有计划兴建一家宾馆,但资金缺口颇大,霍英东二话没说,马上答应捐出300万港元协助兴建番禺宾馆。何贤与兄长何添捐出200多万港元,张耀宗和梁昌的家人又捐赠100多万港元。

1980年，一家占地面积4.3万平方米，拥有220个床位的园林式现代化宾馆建成。12月14日，宾馆剪彩开业，广东省、广州市、番禺的党政领导以及200名港澳同胞都莅临庆祝，对番禺来说堪称盛况空前。

番禺宾馆的兴建是开发番禺的第一炮，10年以后，番禺的房地产进入了爆发期。

关于番禺宾馆，还有一个后续。1989年，广州市决定承办第1届世界女子足球锦标赛，霍英东向国际足联争取在番禺设一个赛区。国际足联派人视察场地，新建成的英东体育场是一流的，但是番禺宾馆房间太少，不合要求。霍英东找来宾馆总经理苏耀乾，谈话中，霍英东当场答应"借"400万元——为什么是"借"而不是"捐"呢？苏耀乾说："您已经捐了钱建番禺宾馆，再要你捐，我们也不好意思。"

很快，在番禺宾馆南面建起了一家新大楼，名为联谊楼。这样，霍英东为了建番禺宾馆，前前后后共投入1000万元。

实际上，霍英东对家乡的支持远远不止一家宾馆或几个体育场，他捐助的范围涵盖体育、交通、旅游、教育、医疗卫生、文化艺术及各方面的公益事业。

感受着国家形势日新月异的变化，霍英东一直涌动在胸的到内地投资办实业的想法，因那次故乡之行而变得更加强烈。

1978年12月19日，《澳门日报》的一篇《中山县翠亨村将开旅游区》的报道吸引了他的注意，他认为，这或许是进入内地投资的机会，遂与何贤结伴到广州中山县考察。最终，霍英东选定位于三乡镇的风景秀丽的罗三妹山脚下兴建一座宾馆。

霍英东对番禺宾馆是捐助，但在中山建酒店时，他准备往前再走一步，尝试与当地合作经营。

霍英东联合何贤、何鸿燊、马万祺等港澳富商，组成中澳投资建设有限

祖国不会忘记

公司,与广东省旅游局签订协议,投资4000万港元兴建中山温泉宾馆。

霍英东说过:"本人是第一批响应返回祖国发展旅游事业兴建宾馆的,率先派香港设计师勘测中山温泉兴建工作。"正因为是第一批与外资合作兴建酒店,在国内既无先例可循,亦无法律可依,光是起草协议就让人搔破头皮。最后,霍英东发明了一个"补偿投资"的新名词,才算名正言顺地拟了一份"补偿投资协议"。所谓补偿,就是赚钱以后,他只收回成本,不计利息,不分利润。

1980年12月28日,全国第一家中外合作经营的中山温泉宾馆隆重开业,寂寂无闻的罗三妹山下车马喧天,人声鼎沸。刚刚成为全国政协第五届委员会委员的霍英东,在开业典礼上以一种极坚定的语气说:**"谁讲中国的改革开放不行,请你来看中山温泉宾馆。你们不信祖国的改革开放会成功,我信!"**

这时离1980年8月全国人大常委会批准《广东省经济特区条例》不过才3个多月,这仿佛成了祝贺广东经济特区的第一个庆典。

宾馆顺利开业,当年,营业额即在全国同行业中位列第5。

中国第一家中外合资的高级宾馆使三乡镇声名大噪,吸引了大批海外华侨和港澳同胞回乡参观、投资,三乡镇从此"乌鸦变凤凰"。中山则在1979年至1990年间,总共兴办起448家三资企业,实际利用外资(包括港澳资金)5.1亿元,把整个地区引领上了一个台阶。其中,从1978年到1994年,霍英东个人以投资、捐赠等方式,投入中山市及其有关项目的资金,便达2.35亿元。中山市一跃成为珠三角53个市县中的"四小虎"之一。

与番禺宾馆、中山温泉宾馆相比,霍英东在内地投资建设的更负盛名的酒店,当数广州白天鹅酒店。

事实上,可以说,中国的对外开放是从建酒店开始的。十一届三中全会以后,邓小平就打算在全国的大城市建几家国际水准的旅游饭店,以此打破封闭,走向世界。1978年,国务院成立"利用侨资外资筹建旅游饭店领导小组",提出在北京、广州、上海、南京四大城市建8家涉外宾馆,其中3家放在广州。

新华社香港分社受命做牵线工作。

1978年夏天,分社中国旅行社经理张贵一向霍英东提出,能否在广州投资旅游业。随后,国家旅游局局长卢绪章南下与霍英东见面,商谈兴建涉外宾馆的计划。当时霍英东的手头已经有番禺宾馆和中山温泉宾馆两个项目,但他仍慨然应允。

为什么霍英东会对建酒店这么感兴趣呢?他说:"**宾馆是一个小型社会,包罗万象,不但是可以赚钱的经济体,而且是社会的一个缩影,反映了国家的水平和面貌。**"所以,他要推动内地的改革开放,就选择了从酒店业入手。

经过几天对全市的亲自考察,霍英东将酒店地址选在广州珠江岔口的白鹅潭畔。

1980年12月24日,宾馆在一片彩旗飘飘、敲锣打鼓声中奠基开工。所有人都怀着激动期待的心情,紧盯着这栋9000万元造价,占地30000平方米,楼高34层、102.7米的广州第一高楼一层一层地往上升。

霍英东在白天鹅宾馆的建造和经营上,最为后人所称道的是他提出的由中国人"自己设计、自己施工、自己管理"的"三自"方针。在当时情况下,建造这样一家现代化大宾馆,即便是霍英东自己也缺乏经验。提出这样的"三自"方针,的确需要超出常人的胆气和魄力,但是霍英东始终认为中国人是聪明、能干的,靠"三自"建设经营好宾馆,可以反映中国人民的志气和能力,让别人刮目相看。

1983年2月初,春节前一个星期,白天鹅宾馆正式开业。

霍英东后来回忆说:"**开业后第一件事,我要求宾馆开放给群众。我们应该让任何人都能进入宾馆,即使不是顾客亲友,就是参观照相的,也该让他们进来,让群众看一些新的事物,体会一下中国人民的智慧和新的创造,增强每个中国人对自己和国家前途的信心。**"

国内高级宾馆对群众全面开放,"白天鹅"是第一家。

祖国不会忘记

1985年，白天鹅宾馆被世界一流酒店组织接纳为在中国的首家成员；1990年被国家旅游局评为中国首批3家五星级酒店之一；1996年，荣列国家旅游局首次举办的全国百优50佳饭店评选榜首。

白天鹅宾馆的兴建是广州对外开放史上一个代表性事件，它对人们思想观念的冲击和改变，是无形而深刻的。霍英东用白天鹅宾馆的成功来证明："**我们国家实行对外开放、对内搞活的改革政策，是非常正确的。既然白天鹅宾馆可以突破，其他各行各业的改革也一定会出现更大的突破。**"

抱着这样的目的，这样的动机，进入中国内地进行投资的港商，霍英东是独一无二的。

心系祖国统一和香港繁荣

在与祖国内地的长期交往中，由最初的观光旅游、体育交往到改革开放后的投资建设，霍英东以其爱国主义的情怀和高尚的人格，赢得了广泛的信任和尊重。1980年，霍英东出任第五届全国政协委员，并被增补为全国政协常委。作为较早在中国政治机构中担任职务的香港爱国企业家，霍英东在内地与香港的沟通方面发挥了重要的作用。

1984年9月，中英双方在北京正式签署《中英联合声明》，霍英东作为香港观摩团成员见证了这一历史性时刻。

《中英联合声明》签署后，香港即进入了中国恢复行使主权前的过渡时期。虽然中国政府承诺，"九七"之后，香港"马照跑，舞照跳"，但对于前途，港人疑虑颇多，谣诼纷传，人心不安，一些对中国没有信心的人纷纷避地海外。

对这样一件具有历史意义的大事，生活在香港，事业的根也在香港，在港英政府统治下，有着那样坎坷经历并满怀一腔爱国激情的霍英东，感受自然是独特而强烈的。

霍英东在此风雨晦明之际，发表了《我的事业永远立足于香港》的谈话，表明自己对中国政府"一国两制"政策的拥护，目的是给香港工商界打气，以稳定人心，坚其心智。他说：**"作为一个工商业者，如果在《中英联合声明》之前还有疑虑的话，那么现在阴霾已散，我对香港的继续繁荣稳定增强了信心。"**

1985年7月1日，中央政府正式成立了香港特别行政区基本法起草委员会，霍英东作为委员积极参与其中。夏秋之间，他亲赴德国，考察德国统一后出现的问题和解决的办法，"以资中国统一和大中华经济圈共同繁荣之借鉴"。

在香港问题上，从一开始就处在被动地位的英国政府，随着1997年香港回归日期的临近，企图通过所谓民主化继续操纵香港政局。1992年，彭定康就任港督后，提出一个与中方对抗的香港政改方案，大幅度地改变英国对香港的政策。

对于岛内不同的思想或声音，霍英东一直以宽容、理性的态度去对待，引导人们认识爱国与爱港其实是统一的。而对港英政府，霍英东肯定其曾有的成绩的同时，对它别有用心的做法则大胆直言，进行了揭露和公开的批评，矛头所指不仅包括政治问题、社会问题，也包括经济、环境等方面的问题，他指责这是港英政府要进行"破坏性的'发展'计划"。他提醒港英政府：**"今天的中国确实不再是第一位港督时代的中国。中国走向现代化是没有回头路的，香港的回归是中国走向现代化的不可缺的一部分……任何横逆都改变不了这个历史的巨流。"**

1995年12月，霍英东被任命为香港特别行政区筹备委员会副主任委员；1996年11月，当选为香港特别行政区第一届政府推选委员会委员。

1997年7月1日零时，中英两国政府在香港会展中心新翼举行举世瞩目的香港政权交接仪式，香港重回祖国怀抱。霍英东作为中国政府代表团成员，出席了这一历史性仪式。

为了表彰霍英东为香港回归做出的特殊贡献，香港回归祖国后的第二天，香港首任特首董建华向霍英东颁发了大紫荆勋章。

霍英东2002年回忆回归之夜的感受时说：**"5年前的交接仪式上，目睹五星红旗和紫荆花区旗冉冉升起，我真真切切地感受到，自己终于可以堂堂正正地做个中国人。以前出国，在机场填各种表格时，在国籍一栏填'香港'总要被人画掉，写上'无国籍'。那种日子从此一去不复返了。"**

香港回归之后，霍英东继续不辞辛劳地为国家的统一、富强和香港的繁荣稳定而奔走着，奉献着，在内地与香港的沟通与联系上，发挥着别人无法替代的作用。

开发南沙与构建"红三角经济圈"

霍英东有"最美丽、最大胆、最让他着迷，又使他最耗费心思、最呕心沥血、最焦头烂额的一个梦"。这个梦，要从1978年说起。

这年夏天，霍英东考察了珠江沿岸的地理情况。霍英东一直想找到一个能对整个珠三角起到"提纲挈领"的中心点，最后他们来到了南沙。

南沙位于番禺南部，三面临海，是珠江三角洲广州、香港、澳门的几何中心，交通方便，是天然的深水港，是整条珠江最佳的水道，"其有利地位犹如香港岛的中区或九龙半岛的尖东地区，是其他地方所不能替代的"。

从那时起，南沙在霍英东的脑海里就再也挥之不去了。他断言，南沙是一颗被埋没的无价珍珠。

随着改革开放的进行，随着珠江三角洲经济的迅速腾飞，霍英东越来越看重南沙作为"珠江以西城市与香港及海外联系的理想枢纽"的特殊价值，经过长达近10年的酝酿，1987年年底，霍英东正式提出开发、建设南海的设想。他在亲自考察、收集大量资料的基础上，与项目课题组成员一起，确定了南沙开发的战略定位和意义，就是要**"立足南沙、搞活番禺、开发珠江、建设广东、实现'四化'、振兴中华"**，将南沙建设成连接珠江三角洲东西两翼、振兴珠江三角洲西翼、沟通大陆腹地与远洋海港交往最理想之地。

霍英东的投资开发南沙计划是一个庞大的惊人的系统开发计划,要在一片乱石滩上建起一座现代化的滨海城市,建起一座"小香港",当时有人认为这是一个无法实现的近乎疯狂的计划。霍英东自己也称,那是他的一个梦。他说:"南沙,那个地方真是无人去的,怎么搞成一座新城市呢?香港搞了100年才成这样。我希望是梦想成真。"由此,南沙成为霍英东晚年投资最大和最为牵挂之地。

1988年4月4日,综合开发南沙和沙溪筹备组成立,霍英东任组长。开发南沙,发挥南沙的战略功能,首要的是连通珠江两岸。

1991年5月5日,南沙—虎门汽车轮渡通航。几年后,虎门大桥通车。

珠江两岸的连通,使南沙将东莞、深圳、香港、佛山等多座城市纳入自己的1小时经济圈,也使南沙这个珠江三角洲的几何中心具有现实意义。

1996年,国务院批准南沙为国家一类对外开放口岸。

1997年11月,国务院又批准南沙为全国高新技术产业化中试配套基地。

从1989年至2000年,霍英东在这片22平方公里的土地上投入24亿元。

2001年,为了打造一个新城市中心,霍英东基金会与铭源基金投资8亿元,在新填沙土的烂滩涂上,兴建了五星级的南沙大酒店。

南沙开发可以说是霍英东后半生最重要的事情。曾先后担任霍英东基金会南沙办事处副主任和南沙开发建设有限公司副总经理的顾宝炎回忆说:"**只要没有特别的公务,霍英东先生每周一定来南沙看工地、听汇报。1995年春节初二早上,我在南沙值班,一早客运码头通知我,霍先生来了。我马上去接,只见他独自一人拿个公文包下船上岸。我问他怎么一个人过来了,他说大家都要过年。这时霍先生已过古稀之年了。**"

在开发建设南沙的初期,霍英东还把另一颗"棋子"轻轻放在了大多数人意想不到的地方:粤北山区。

祖国不会忘记

1992年9月，广东省召开第七次山区工作会议，决定加快山区和贫困地区脱贫致富步伐。

1993年年初，霍英东率先捐资1000万港元，投资1000万港元，在青山绿水的翁源县黄竹坪新建一座水电站。按照他的想法："在山区办一家成功的现代企业，带动山区其他企业的改革与发展。"

1995年，由霍英东出资成立以"文教扶贫"为宗旨的香港铭源基金，由何铭思担任主席。此后几年间，一所所"铭源希望学校"先后在粤北的10多个县市落成。到2004年，在粤、赣、湘边，已建成33所希望小学，10所中学，两所大学，惠及农家子弟每年达2万多人。

2002年11月23日，霍英东基金会和铭源基金会联合举办的"红三角经济发展座谈会"在江西赣州大余县召开。在这次会议上，霍英东提出了建构"红三角经济圈"（指广东韶关、江西赣州、湖南郴州组成的大三角区。因同为革命老区、同属红砂岩丹霞地貌，故有此称）的新设想。

不久，"红三角经济区发展促进会"和"红三角办公室南沙办公办事处"相继成立并开始运作，一系列的经贸活动纷至沓来。

2003年10月30日至11月1日，首届中国红三角特产展销及经贸洽谈会在南沙举行，同时还举行红三角的旅游推荐会。

2004年7月7日，第2届红三角经贸洽谈及旅游推介会仍在南沙举行，韶关、赣州、郴州3市共签约46个项目，合同引进外资72亿元。

2005年3月13日，在北京举行的红三角项目汇报会上，霍英东亲自推荐了32个重点项目；7月20日，在南沙举办第3届红三角经贸投资洽谈及旅游推介会，郴州、赣州、韶关等市的400多名代表和投资商参加，签约项目33个，签约资金达40.4亿元。

这一年，提出这样一个跨省级的、有多个地方政府参与的区域大协作设想的霍英东，已经是一位年过八旬的老人了。

南沙海滨新城仍是霍英东晚年最为牵系的梦想。2006年7月28日,在他病逝前3个月,还打电话给自己的老友询问南沙的情况。他那颗为国家发展和富强而跳动的事业之心、爱国之心,似乎永远不会衰老。

2006年10月28日,84岁的霍英东在北京病逝。

中央电视台"感动中国2006年度人物"评选中,霍英东以"慈善大家"入选。颁奖晚会上,对霍英东的颁奖词共有21个字:

聚散有道,义利兼能,五星和紫荆维系他一生的光荣!

据统计,在过去几十年里,霍英东用作慈善的捐款已经超过150亿元。

2018年12月18日,国家授予霍英东"改革先锋"称号,颁授"改革先锋"奖章,并作为国家改革开放做出杰出贡献的香港著名企业家和社会活动家受表彰。

音乐欣赏

《天之大》

包玉刚
"世界船王"

"世界船王"是怎样炼成的

在宁波市镇海庄市街道逸夫路南侧,有一座典型江南风格的两层砖木瓦房民居,白墙灰瓦,古朴典雅。这座始建于清代的建筑,就是包玉刚出生的地方。

宁波,地处东海之滨,位于大陆海岸线的中段。因为拥有优良港湾,从宁波起航,商船可借助海潮和风力往来南北,所以早在秦代,宁波的商贸活动就已相当活跃,成为后世所称"海上丝绸之路""陶瓷之路"的出发港。而宁波籍商人,也逐渐发展形成中国传统"十大商帮"之一的"宁波帮"。

1918年农历十月十三,包玉刚出生在距离海边不远的镇海钟包村。父亲包兆龙是一名小商人,当时正在湖北汉口经营一家鞋铺。

幼时的包玉刚,对家乡海滨风光和港口船只穿梭往来场景十分着迷。13岁那年,从当地著名的叶氏中兴学堂毕业后,包玉刚前往汉口,来到父亲身边生活。初次坐上大轮船离家,包玉刚内心既饱含着对亲人和家乡的不舍,又充满了对未来世界的憧憬和向往。

在汉口,包玉刚半工半读,一边在一所初中就读,一边跟随父亲学做鞋帽生意。

初中毕业后，父亲原本想让他到一家"燕梳行"（英文 ensurer 音译，保险人，保险机构）当学徒，但包玉刚不想完全放弃学习，他的目标是继续读高中，将来上大学。于是他向父亲提出一个条件：白天上班，晚上读夜校。开明的父亲答应了。包玉刚在夜校学习了英语、会计和经营的基础知识。

1937年，遵父母之命，包玉刚与同乡女子黄秀英结婚。本来，年轻的包玉刚正应该开启另一段幸福的人生，可是婚后不久，七七事变爆发，战争的风雨雷电笼罩华夏大地。包玉刚只好辞别新婚妻子，从汉口来到上海，在中央信托局保险部找到了一份工作。

上海中央信托局成立于1935年，是当时中国著名的"四行二局"之一。在中央信托局的日子里，包玉刚凭着自己的努力和经验，很快熟悉并掌握了信托、易货、储蓄、保险等各个环节的业务。因为工作出色，他很快就成为被称为"十三太保"的30名业务骨干之一。

受战局影响，此后的几年里，包玉刚的工作地点和职位几经变换。24岁时，他出任中国工矿银行衡阳分行副经理，为沦陷区沟通贸易、维持经济活动做了许多工作。这期间，在一个偶然的机会，包玉刚巧遇妻子黄秀英多年未见的表哥卢绪章，此时卢绪章的公开身份是著名的广大华行的总经理。而包玉刚哪里会知道，卢绪章还有一个秘密身份：中国共产党派驻湖南的地下党员。

1945年抗战胜利后，包玉刚来到上海市银行，出任业务部经理，第二年即被提为该行副总经理兼业务部经理，主管银行业务中最重要的放贷业务。那年他年仅28岁。

多年之后，曾有一位香港作家问包玉刚："您一生之中最难忘的是什么事情？"包玉刚没有多想就说："有一件，倒是我很引以为荣的。那是年轻的时候，在上海市银行当副总经理，我上面换了3个总经理，但（由于）我的工作能力和工作态度，不受政治影响，换他们，却没有换我。"

遗憾的是，此时的上海极不稳定，经济萧条，通货膨胀，钞票贬值，日甚一日。有人这样形容那时的上海：你走进一家店吃面，要先付钱，不然到面端上来时，价钱已翻了一倍。

包玉刚觉得世界之大，总应该有一个地方能让一家稳定生活，让自己继续施展才能。经过反复斟酌，包玉刚决定辞职。

1949年3月，包玉刚与父亲一起携带着数十万元的积蓄，全家到香港另闯天下。

多年后，包玉刚回忆："当时我很犹豫，实在是舍不得离开祖国内地。"

初到香港，人生地不熟，包玉刚只能白手起家，自力更生。几经考虑，他和父亲等人成立了一家贸易公司，经营内地土特产。新中国战后重建需要大量食品、机器、化学品和原材料，包玉刚的生意进展得非常顺利。

1955年，包玉刚决定发展其他事业，"将生意由暂时性转为永久性"。投资做什么呢？包玉刚回顾自己的人生经历，童年时代家乡的海岸和船影时时浮现眼前。经过仔细考虑，包玉刚提出了经营航运的主意。虽然父母和家人都对此表示反对，认为"搞海运等于把全部资产都当成赌注"，但包玉刚主意已定，矢志在海洋运输业谋求发展。他一边继续做好家人的说服工作，一边咨询专业人士，全身心地钻研起航运业务。

1955年深秋，37岁的包玉刚迈开了成就他日后"世界船王"辉煌人生的第一步：去英国买船！

事业开始，资金有限，包玉刚筹集了20万英镑，从英国威尔逊公司购买了一艘以烧煤为动力的旧货船，这艘船已经使用了28年。包玉刚请人将它整修并油漆一新，取名叫"金安"号。随后，包玉刚成立了"环球航运集团有限公司"，将"金安"号转租给日本一家船舶公司，从印度运煤到日本，采取长期出租的方式。

这是一个不被看好的"笨办法"。因为当时的世界航运业，采取的都是传统的短期出租方式，也就是每跑一个航程，就同租船人结算一次。这样不但收费标准高，还随时可以提高运价。而初涉航运业的包玉刚却出人意料地采取了长期出租的经营方式，把自己的船为期3年、5年甚至10年地租给别人，租用者按月交纳租金，但租金标准要低得多。

许多船业行家对包玉刚这个年轻人"用低价租约把自己捆死"的"笨办法"嗤之以鼻，有人笑他是傻瓜，更有人当众嘲笑包玉刚"是个外行"，但包玉刚自有他的想法和打算，他谋求的是长期稳定的收入，这是放眼未来的一种经营方法。正如多年后包玉刚的女儿包陪庆回忆说："**其实爸爸有良好的从事多年银行业的背景，他采取低风险投资的求稳态度，而他这种保守行事的态度亦得到银行界的支持和信用保证。**"

就连包玉刚也没有想到的是：他赶上了一个发财的好机会。买下"金安"号的第二年，由于苏伊士运河因埃及战争而关闭，航运费用猛涨。恰好"金安"号货轮出租9个月期满，而日本公司要求延续租期，租金陡然增加4倍，所得利润甚为可观。包玉刚就用所赚利润买下了第2条、第3条船，签订4~5年的长期租约，以薄利长租的求稳策略来运作。这样，一年多的时间里，包玉刚竟然滚雪球般地拥有了7艘货船。到了1957年下半年，航运业出现萧条，运价跌到最低点，那些搞短期出租的船主，每天都要赔老本，而包玉刚却可以凭着长期合约稳收租金。

20世纪60年代，由于欧美工业蓬勃发展，各国竞相争取能源。中东石油运输需求大增，包玉刚敏锐地意识到这是一个发展航运的大好时机，于是决定开始购买油轮。经过艰苦而充满智慧的谈判，包玉刚终于把他的租船业务扩展到了英美石油公司。包玉刚在海运这个充满风险的行业中脱颖而出。

有了雄厚的资金来源，有了良好的经营方式，环球公司的船队迅速壮大。到了1979年，包玉刚的环球航运集团船数达到202艘，根据伦敦吉浦迅船只经纪公司的记录，当年的世界十大船王排名，包玉刚稳坐"头把交椅"，且以数倍领先于其他船王,美国《财富》和《新闻周刊》两份杂志把他称为"海上的统治者"和"海上之王"。闻名世界的希腊船王奥纳西斯在美国曾拜访包玉刚,风趣地对他说:"搞船队虽然我比你早,但与你相比,我只是一粒花生米。"包玉刚成为名副其实、世界公认的"世界船王"!

包玉刚曾历任国际独立油轮船东协会、亚洲航业有限公司、世界航运及投资公司、世界海事及陆丰国际(投资)公司主席等职。1976年被英国女王授予爵士,比利时国王、巴拿马总统及日本天皇授予他勋章、奖章。

走上航运事业巅峰的同时,包玉刚也预测到了世界航运市场存在的即将到来的风险。于是在70年代末,他逐步把业务重心"从海上转移到陆地上",投资房地产业,兼营酒店和交通运输。为了在陆地上也能取得海上那样辉煌的成就,他和香港首富李嘉诚一起,与英国资本集团展开了一场惊心动魄的斗争,这就是著名的"九龙仓"之战。

九龙仓是香港最大的码头,一直由英资机构、香港四大财团之一的怡和洋行控制。九龙仓有限公司是怡和洋行旗下的主力。在李嘉诚的支持下,包玉刚暗中购入了大量"九龙仓"股票,约30%。而怡和财团属下的另一个主力置地公司手中才有约20%的"九龙仓"股票,形势对怡和财团明显不利。为了保住"九龙仓",置地公司调动了大批资金,以100元一股的高价收购"九龙仓"股票,想把包玉刚从"九龙仓"中挤出去。包玉刚面对强敌,沉着应战,奇迹般地在3天之内调集了21亿元现款,只花了2小时,便使"九龙仓"股份增加到49%,彻底控制了这家企业。而包玉刚在谈笑之间调集了21亿元的故事,也成为一个商界传奇。

1985年,包玉刚又以5亿新加坡币夺得英资集团会德丰股权,成为继李嘉诚入主和记黄埔之后,夺得英资四大洋行的第二个香港人。1986年,包玉刚又一举收购香港另一家发钞银行渣打银行14.5%的股份,成为该行最大的个人股东。船王"弃舟登陆"创造了又一个奇迹!

至此，包玉刚的"海上王朝"和"陆地王国"都达到了顶峰。他的财富也多得令人咋舌，有人说他曾经考虑买下一个国家，他自己也开玩笑说："我不愿意知道自己到底有多少财产，因为害怕由于不知所措而引起心脏停止跳动。"

捐资建设兆龙饭店

1978年，包玉刚的事业如日中天；也正是在这一年，中国内地开始了一场伟大深刻的变革。

12月19日，十一届三中全会开幕后的第二天，《澳门日报》发表了中山县翠亨村开辟旅游区的报道。这篇文字不多的报道，无意中向华人华侨和全世界传递了一个重要信息：中国的国门打开了。

就在一年多前的1977年10月，邓小平在京对前来参加国庆活动的海外华人发表演讲，"展现出开放的思维"，包玉刚得知后十分高兴，认为"中国很有希望，前景大好"，他兴奋地对妻子说："中国总算开放了，我们可以回家了！"第二天，包玉刚就让秘书草拟信件给国务院侨务办公室主任廖承志，表达了想到北京访问的愿望。很快，一份特殊的邀请函从北京飞到了包玉刚的办公桌上，信中写着："热烈欢迎！真诚期待包玉刚夫妇回国探亲。"

1978年10月28日，包玉刚夫妇终于登上了去往北京的飞机。

包玉刚在北京受到了隆重的礼遇，多位国家领导人接见了他。本来也要安排会见的邓小平却因为临时有事，遗憾未能见面。

这一次北京之行，包玉刚产生了为北京捐资修建一家酒店的想法。原来，当包玉刚夫妇、大女儿包陪庆以及其他人员抵达北京饭店后，却被告知只有一间套房。最后只好把随行人员安排到了其他旅馆。

包玉刚得知，邓小平同志在年内5次到国家旅游局视察，反复强调发展旅游业的重要性，并特别关心旅游宾馆的筹建问题。

1980年3月15日,包玉刚应邀再次来到北京商谈订购船舶和航运合资经营等问题。合营协议签订后,国家领导人会见了包玉刚。

在会谈中,包玉刚表示愿意积极支持祖国发展旅游事业。他说:"北京缺少旅游饭店,我来贡献。父亲和我本人愿无条件地捐赠1000万美元,在北京适当地点建一家现代化规格的旅游饭店,我只有一个要求,父亲已经80多岁了,饭店能不能以他的名字命名,叫兆龙饭店?"

国家旅游总局领导认为:包玉刚捐资办饭店的举动,不但有利于缓解北京市旅游饭店紧张的局面,更对吸引侨资进入中国起到一个榜样示范作用。

可是,包玉刚可能想象不到的是,在当时的条件下,中国刚刚实行改革开放政策,人们还没有从旧的思想束缚中解放出来,因此,当这个提议被送到政府部门时,有不少同志表示反对:在社会主义国家的首都,怎能容许用资本家的钱和名字建宾馆?!

包玉刚的这1000万美元捐款没人敢接受。

无奈之下,负责主管旅游饭店建设工作的副局长给邓小平写了封信,如实报告了包玉刚的希望和要求,也报告了遇到的问题。这封信由廖承志亲自送交。

邓小平了解情况后,快人快语:"人家无偿捐资1000万美元给我们建旅游饭店,这是对我们社会主义建设有用的事嘛,何乐而不为?要求命名兆龙饭店,为什么不可以呢?人家讲孝心,想借此表达对给予自己生命和教育自己成人的父亲的深情和谢意,是好事嘛,我们共产党人要讲人情啊,何况人家对我们有贡献,纪念纪念应该!"

邓小平不仅从大的原则上支持建设旅游饭店,小到具体问题也都积极支持,他不假思索地说:"别人不同意,那就由我出面接受这笔捐赠,替饭店题个名。"邓小平大笔一挥,写下了"兆龙饭店"4个大字,这也是邓小平唯一一次为外资饭店题名。

祖国不会忘记

邓小平还对兆龙饭店的筹建工作亲自做出过批示："兆龙饭店问题是政治问题，包玉刚捐献 1000 万美元，并非投资、合营，搞得不好，谁还来啊！请国家旅游总局在北京最好的地方给包玉刚建一家饭店。"

1981 年 7 月 3 日，包玉刚再次启程赴京，这次同行的，还有已经 86 岁的老父亲包兆龙。包家父子是应邀来北京参加兆龙饭店的奠基仪式的。据同行的包陪庆回忆："爷爷很满足。……他说，我们包家老祖上可是朝廷命官，如果他们在天有灵，知道我们家在皇城给国家捐建一家大宾馆，他们一定会感到高兴！"

在 7 月 4 日上午举行的兆龙饭店工程奠基典礼上，包玉刚代表全家讲了话。他用带有浓郁宁波腔的普通话，动情地说："我父亲经常跟我讲，一个中国人绝不能忘记自己的祖国。他一直盼望着祖国能强盛起来。能对国家有贡献，就是爱国之举。今日兆龙饭店举行奠基典礼，他的愿望终于实现了。我们能为国家现代化、为国家发展旅游业贡献一份微薄的力量，使前来中国的外宾安居乐游，也是我们中国人的骄傲。"那一刻，全场掌声如潮，包兆龙笑中带泪，深感儿子用心良苦，着实为之自豪和骄傲。

7 月 6 日，邓小平在人民大会堂福建厅接见了包兆龙、包玉刚一行。邓小平亲自接过包玉刚 1000 万美元建造兆龙饭店的支票和 1000 万美元建造上海交通大学图书馆的承诺书。会见期间，邓小平赞扬了包玉刚对国家建设的帮助和支持。

正是在邓小平的亲自关心与支持下，兆龙饭店建造得很顺利。

1985 年 10 月 25 日，兆龙饭店举行落成仪式典礼。

这一天，对包玉刚来说是一生中最为激动的一天，一是他终于实现了为祖国做贡献的愿望；二是邓小平亲自出席了饭店的落成仪式，并与包玉刚在兆龙饭店合影留念。

遗憾的是，包兆龙先生已于 1982 年 11 月 11 日去世。包玉刚久久握住邓小平的手说："我爸爸在天有灵，一定非常高兴。"

"我是宁波的大使"

包玉刚是海外"宁波帮"中的杰出代表。他长期在外创业，爱国爱乡，十分关心故乡的发展。

如今，回顾宁波40多年的改革开放历史，80年代无疑是一个承上启下、为90年代后宁波社会经济高速发展奠定基础的时期。在这10年里，宁波开始从沉默中走出来，成为中国改革开放的热土，并登上中国乃至世界的舞台，这一切都是与"世界船王"包玉刚的名字紧紧联系在一起的。

进入80年代以后，随着与包玉刚的频繁交往，邓小平同志对新中国成立后一直默默无闻的宁波倍加关注。而北仑港与"宁波帮"的两大优势，更使一代伟人对宁波的发展寄予厚望。**宁波没有辜负期望，一直成为我国改革开放的前沿地带和发展的领跑者。**

1984年，宁波被列为沿海开放城市。如何发挥宁波的优势加快发展？中央领导极其关心。8月，邓小平在北戴河听取当时主管对外开放工作的国务委员谷牧关于宁波情况的汇报时说：**"宁波海外侨胞人数不多，但质量较高。要把全世界的'宁波帮'都动员起来建设宁波！"**

宁波对外开放有两大优势，一是北仑港，一是"宁波帮"。邓小平有关"宁波帮"的讲话精神传到浙江、宁波后，有关领导当时考虑的重点是如何发挥"宁波帮"的优势。在这个过程中，包玉刚发挥了积极的作用。

包玉刚在"宁波帮"中有很大的影响力。因此，要想发挥"宁波帮"的优势，首先就要做好包玉刚的工作。

"正是考虑到这一点，中央派时为外经贸部顾问、包玉刚夫人黄秀英的表兄卢绪章来宁波，加强与包玉刚的联系。"

1984年，宁波市委、市政府决定到香港拜访包玉刚，请他回家乡考察、探亲。

祖国不会忘记

宁波大学人文与传媒学院历史系"宁波帮"研究中心主任孙善根曾撰文介绍——

1984年10月28日，阔别宁波30多年的包玉刚重新踏上故土，家乡的一切都使他感到亲切，特别是碧波万顷的北仑港使船王振奋不已。他说："宁波有北仑港，阿拉宁波人有福了。"他欣然为家乡题词"开发宁波，振兴中华"。显然，纵横四海的船王敏锐地看到了宁波开发的巨大潜力及其对中国所蕴含的意义。他决心把这里开发出来，以推动长江三角洲乃至整个中国的发展。

但当时宁波特别是北仑港的开发遭遇到了强烈的"体制障碍"。当时宁波作为一个地级市，"位卑言轻"，显然难有作为。对此包玉刚深感不安。经过与当时的宁波市领导和卢绪章"通气"，决定由包玉刚出面"游说"，解决宁波的地位问题。包玉刚果然不辱使命，利用各种场合，多次就宁波的地位问题向中央领导进言，并建议在北仑港搞"水水中转"，开辟集装箱码头，建设大型钢厂和保税区。

不久事情就有了转机。

1985年11月，在邓小平的直接过问下，国务院专门成立了宁波经济开发协调小组，并聘请包玉刚、卢绪章为顾问，以协调解决宁波开发开放中的重大问题。这在当时的中国是绝无仅有的。包玉刚对这个协调小组兴趣极大。用他的话讲，协调小组等于在北京和宁波之间架起桥梁，宁波的事情就好办喽！从此包玉刚为开发宁波奔波于香港、北京、浙江之途，为推销宁波形象，往返于欧、美、亚洲之间，风尘仆仆，不辞辛劳。他频频向各国首脑与实业界人士介绍北仑港的优势条件和良好的投资环境，希望他们到宁波考察投资……为此，外国朋友戏称船王为"宁波大使"。

宁波经济开发协调小组成立后，先后在北京、深圳、宁波召开6次会议，包玉刚多次与会，并在会上就宁波发展的重大问题慷慨陈词。在协调小组和包玉刚、卢绪章的努力下，许多关系宁波发展全局的重大问题得到了较好解决，从而大大推进了宁波开发开放的步伐。如扯皮多年的"水水中转"终于开始落实，一批国家级重点工程相继落户宁波——宁波成为国家"七五"重点开发地区，特别是1987年2月，宁波幸运地赶上"末班车"——被批准为全国计划单列城市，享受省级经济管理权限。次年3月，国务院又批准宁波为"较大的市"，赋予宁波市制定地方性法规行政规章的权限。对此，包玉刚十分满意，他说："现在好了，宁波相当于'直辖市'了，免掉了许多层次和拐弯，我这个'宁波大使'也好当些了。"他一再表示"宁波的事，就是我的事"，为家乡的发展，包玉刚乐此不疲。

可以说，包玉刚对宁波的贡献，不仅在于他为家乡社会公益事业慷慨捐赠，更在于他为开发宁波提出了许多战略性的建议，特别是运用其在海内外的号召力和影响力，为宁波的地位呼吁，为宁波的发展奔波，帮助宁波登上中国乃至世界舞台……

包玉刚对家乡的另一个至今被人们津津乐道的善举，是他捐资创办了宁波的第一所大学——宁波大学。

其实，宁波早有建大学的构想。宁波历史悠久，文化积淀深厚，但非常遗憾的是，当时宁波没有一所大学。从1982年开始，宁波市人大代表在人代会上多次提出，建议创办一所综合性大学。宁波市政府也想过一些办法，但终因财力有限而难以付诸实施。

1984年夏天，时为西安交通大学教授的俞茂宏在前往丹麦参加国际学术会议的途中，就"在宁波办一所综合性大学"一事给包玉刚写信，大体意思是"宁波被列为沿海开放城市后,有了办大学所需的各方面条件",并诚恳地说"在宁波新建大学,此义举的带头人非包先生莫属"。

包玉刚早年经历战乱,深受失学之苦,在经营活动中,他充分认识到人才的重要。因此,早在回宁波考察、探亲之前,包玉刚就已萌发了兴学报国的念头。

1984年10月31日,就在首次回宁波的第3天,包玉刚口头承诺捐资2000万美元(当时换算成人民币约为5000万元)兴办宁波大学。就在中英两国政府关于香港问题的签字仪式举行的前一天,即1984年12月19日,时任宁波市市长耿典华与包玉刚在北京签署了《洽谈纪要》,由包玉刚捐资5000万元,创办宁波大学。

1985年9月25日,邓小平亲自为宁波大学题写校名,并由时任国家教委主任李鹏转交给当时的宁波市委书记葛洪升。

10月29日,宁波大学奠基典礼举行。包玉刚在典礼上饱含深情地致辞:"这次回来,我们办了4件喜事:前些日子为北京兆龙饭店剪彩,前天为上海交通大学兆龙图书馆落成剪彩,昨天为家乡的兆龙学校落成剪彩,今天为宁波大学奠基。我们包家要为祖国、为家乡多做贡献。"

在邓小平同志的关心和省市有关部门的大力支持下,1986年11月25日,宁波大学顺利建成开学,宁波从此结束了没有综合性大学的历史。

这中间还有一个插曲。

据宁波大学建设初期亲历者、1986年7月担任党办主任的贺建时回忆:"在定下捐资兴办宁波大学后,包玉刚也给宁波出了一个不大不小的难题——在与耿典华的《洽谈纪要》中,包玉刚要求宁波大学'一年内动工兴建,第二年就开始招收学生',也就是说,宁波大学要在1985年开工建设,1986年开始招生。"

贺建时回忆,时任宁波市委书记葛洪升表示,这绝对是一个考验,因为当时宁波各方面基础都非常薄弱，建一所大学，不仅涉及征地、政策兑现、建筑图纸设计、完成土建工程等，更为棘手的是师资队伍建设、纳入1986年招生计划等。

好在宁波方面克服重重困难，最终实现了对包玉刚的承诺。据说包玉刚得知后，非常高兴地说："广东有个'深圳速度'，宁波有个'宁波大学速度'。"

对于包玉刚为家乡宁波所做的贡献，谷牧给予了高度评价。1988年3月，谷牧在国务院宁波经济开发协调小组第六次会议上说：**"动员海外宁波籍人士参加宁波开发建设，这项任务小平同志首先交给了包玉刚先生，他做了很多工作，宁波的知名度在国际上同过去不一样了……包玉刚先生带头，不只是办学校，办公共福利事业，还为你们出主意，动员海外宁波籍人士包括包氏家族，在宁波兴办了不少事业。他的顾问当得很好。"**

香港回归谈判的"润滑剂"

包玉刚经常向人们表达的一个观点是：**自己的成功离不开香港特殊的经济环境，香港的繁荣离不开内地的支持**。事实上，在包玉刚爱国爱港爱民的辉煌人生中，他对香港的顺利回归做出了特殊贡献。

由于包玉刚在香港社会的重要地位和他与英国方面的良好关系，中国政府十分重视他在香港回归中的作用，包玉刚的频频来访成了中国政府了解香港情况和外界信息的一条重要途径。而包玉刚本人，不但在香港的多个场合表达了对香港前途的信心，而且成为沟通中英关系、促进谈判的"润滑剂"。

包陪庆在关于父亲的回忆录中曾经记录过这样一段故事。

> **有一次父亲带着我去见撒切尔夫人，带了一盒"圣诞节礼物"，盒子打开，原来是一条普通的跳绳。撒切尔夫人问为什么，父亲说："给你跳绳子，我每天早上跳的，非常好，尤其是这种绳子，你可以**

跳得很快。"这么一解释，撒切尔夫人笑坏了。父亲搞了这样一个小幽默，其实，身为"世界船王"的圣诞礼物才刚要出场。

"我今天真正的圣诞礼物是向英国 Harland & Wolff 船厂订了一艘轮船，已经谈妥签约。一年后，请您主持下水仪式，为它命名，祝福此船。"父亲说。

撒切尔夫人又高兴又感动，欣然同意主持这艘船的下水仪式，而此时，父亲又说话了："首相，另外有一个条件，我同时也在上海订了一艘同类的船，请首相您明年主持英国的船下水之后，就到中国去主持那艘'姐妹船'的下水仪式。"

包陪庆后来说："爸爸虽然没有直接参与中英双方就香港问题的谈判，但他明白，英国不会轻易放弃香港，因为那里是英国在亚洲势力的基地，但若香港不回归，又会阻碍中国统一的进程，这个分歧成了横亘于中英之间的最大障碍，爸爸宁愿牺牲大笔金钱到英国订船，进而请撒切尔夫人到中国去参加非官方活动，他希望让撒切尔夫人了解中国，并且亲自体会上海这座商业气息浓厚的城市。"

包玉刚可谓用心良苦。

1982年9月22日，英国首相撒切尔夫人飞抵北京，就香港前途问题与中国展开了谈判。最初，撒切尔夫人想把谈判立场建立在英国至少对香港一部分领土拥有主权的基础上，而邓小平明确指出：香港主权根本不在讨论之列，稍后中国会正式公布收回香港的决定。

这时，包玉刚再次发挥了重要作用。

包陪庆在关于父亲的回忆录中这样写道——

爸爸知道撒切尔夫人比较固执。贺维曾经跟我说："我们外交官员，从柯利达特别顾问到港督，都分别劝撒切尔夫人要接受现实：中国是不会接受不平等的《南京条约》的。但首相坚持这是国际合约，不能破除。"他继续说，"很奇怪，那段时间除了你父亲，其他人的劝导，首相都很排斥。你爸爸不单是从台湾角度，还从经济角度劝导首相。问题是面子，如何给首相一个体面的台阶下。你爸爸是唯一一个中英领导都能信任的人，而邓小平是极度尊重你爸爸的意见的。"

爸爸还通过撒切尔夫人的好友美国总统里根来劝解她。他曾对里根说："撒切尔夫人不愿意放弃治权，英国当然不想失掉一个繁荣的地方，但对中国来说，又怎能容忍香港不回归！……总统您一定有办法说服撒切尔夫人面对现实。"爸爸拿出一张"柳暗花明又一村"的字画，请里根总统带给撒切尔夫人，"总统请让首相知道，中英谈判僵局不利于香港，也不利于中国，对英国来说也不是好事。中国的经济年均增长率在 10% 以上，速度之快、影响范围之广，美国亦能从中得益，英国应该能看到中国的发展潜力无穷，到下个世纪，中国的发展定会令世界瞩目。"

在中英双方关于香港问题谈判的两年中，包玉刚以爱国爱港的立场，不断穿梭于伦敦、北京和香港之间，与各方频繁接触联络，摆事实，讲道理，说尽好话，努力缩小分歧，分明有如在尽一名外交官的职责，这让包玉刚获得了"政治媒人""民间大使"的称号。香港基本法起草委员会委员邬维庸就曾经说过："中国、英国、香港三方关系以往一波三折，包玉刚作为缓冲及中介角色发挥了影响力，一句话的作用往往超过 10 个人的意见。"而在包陪庆看来，父亲的作为可以更形象地比作"中英谈判这架机器里的'润滑剂'"。

1982 年 12 月 19 日，《中英联合声明》在北京签署，正式确认中华人民共

祖国不会忘记

和国将从 1997 年 7 月 1 日起，对香港恢复行使主权。包玉刚作为嘉宾出席仪式，成为这一重大历史时刻的见证人。

《中英联合声明》签订后，接下来就要起草基本法。包玉刚当上了基本法起草委员会副主任和咨询委员会召集人。而在基本法咨询委员会筹备成立期间，包玉刚所表现出来的巨大工作热情，绝不亚于当年经营他的"海上王国"。

咨询委员会要开展活动，就必须有经费。据新华社香港当时的负责人回忆，在咨询委员会筹备酝酿过程中，包玉刚、李嘉诚、查济民等几位财力雄厚的企业家自愿负担，但不希望公布具体数字。直到后来才有消息灵通人士透露，首次筹集到的经费就达几千万港元，由此推算，这些富豪慷慨解囊，所出不菲。

经费有了保证，接下来就是会址问题了。包玉刚又是积极响应，提出把自己旗下物业、中环连卡佛大厦 8 楼的一整层让出来，给咨询委员会作为办事处无偿使用。

时任基本法起草委员会副秘书长鲁平说："香港基本法记载着包玉刚先生一份不可磨灭的功劳。"

由于在香港社会的重要地位和香港回归中的独特作用，包玉刚一度成为香港首任行政长官的热门人选。

遗憾的是，包玉刚没能亲眼看到香港回归祖国母亲怀抱的伟大历史时刻。1991 年 9 月 23 日，包玉刚因病与世长辞。邓小平第二天即发出唁电深情悼念：惊闻玉刚先生病逝，深为悼念。先生热心祖国建设，为实现"一国两制"身体力行，功在国家。

包玉刚
"世界船王"

音乐欣赏

《我爱你，塞北的雪》

陈嘉庚
华侨旗帜　民族光辉

在中国近代历史上，有一位华侨的名字受到海外侨胞和祖国人民的永久缅怀和尊敬。

不论在旧民主主义革命时期还是新民主主义革命时期，他都紧跟着时代的步伐不断前进。

他把一生献给了爱国兴学，献给了救亡图存，献给了振兴中华，被毛泽东誉为"华侨旗帜、民族光辉"。

他，就是伟大的爱国者、成功的实业家、热忱的教育家、社会活动家和华侨领袖陈嘉庚先生。

……

位于厦门集美东南隅的鳌园内，陈嘉庚长眠于此。他的名字镌刻出现在厦门的学校、建筑、街道、公园中，也铭记在乡亲、侨胞和一代代学子的心中。

开拓南洋，艰苦创业

侨乡少年初立志

1874年10月21日，福建省同安县集美村，一户陈姓人家迎来了他们的长子——陈嘉庚。

因为战乱不断,当时的同安县有很多人远赴南洋讨生活,这里便成了有名的侨乡。陈嘉庚的家庭,也是一个华侨世家。他出生的时候,父亲正在新加坡经营着米店和一家小厂。从小,是母亲独自抚养他长大。

闽南一带,曾有着十分光辉的历史。

从民族英雄郑成功到虎门销烟的林则徐,这些故事都在小嘉庚的心里留下了十分深刻的影响。集美村还有着郑成功的"国姓寨""国姓井"。在老一辈人的记忆中,陈嘉庚从小就对这些爱国英雄充满了敬仰。而清政府的腐败无能,更使他渴望早日能够报效国家。

1890年,陈嘉庚已经17岁了。这一天,父亲捎信来,要他到新加坡去见见世面。

父命不可违。接信后的陈嘉庚很快打点行装,离开了慈母,离开了故乡,独身前往南洋。

当时的新加坡是英国的殖民地,且是世界第七大港口,已经十分繁华。面对城市的诱惑,陈嘉庚不为所动,老老实实地待在店里,跟着老伙计学习经营管理,很快就成了父亲的得力帮手。

然而,天有不测风云。当正陈嘉庚潜心学习经营管理之时,1898年,从家乡传来母亲病逝的消息。闻听噩耗的陈嘉庚立即回乡葬母。出发之前,陈嘉庚将自己经管的账务移交给了他的族叔。

当时陈父各项经营都很顺利,拥有资产约35万元。可是当守完3年母丧的陈嘉庚再回到新加坡时,却发现曾经兴隆的米店已经门庭冷落,负债竟达30多万元。原来是同父异母的兄弟趁陈嘉庚不在,尽情挥霍导致负债累累,米店面临破产的边缘。

面对沉重打击,陈嘉庚没有消沉。性格倔强的他决心从头开始,并立志替父亲还清债务。

独自创业成"橡胶大王"

创业的路程是极其艰难的。

此时,陈嘉庚手里的资金只有一点,用来投资什么才能成功呢?经过详细的考察,他发现,菠萝罐头销路旺盛,且周期短、需要的资金不是很多,非常符合自己的情况。于是他决定建立一家菠萝罐头厂。

资金不够,陈嘉庚借了7000元,在距新加坡城区10多公里的淡水港山地,着手建造一家菠萝罐头厂。一切算了再算,省了再省,借来的7000元总算勉强够了。制作菠萝罐头所需的白铁、糖房,都可向别的商人赊取。开工终于没有了任何问题。

几个月后,菠萝上市了,陈嘉庚的"新利川"工厂立即投入生产。为了在竞争中取胜,陈嘉庚给自己菠萝罐头的商标定了一个吉利的名字"苏丹",意思就是"菠萝罐头之王"。

在陈嘉庚的精心经营之下,罐头厂运作良好,销售看涨,月底一核算,获净利9000余元,不仅收回了全部投资,还有盈余。经济效益之大,让陈嘉庚充满了信心。

从绝境中拼杀出来的陈嘉庚初战告捷,就以"新利川"为立足点,兼营父亲企业与人合伙的月新菠萝厂,接着又开设了谦益米号,米店也兼作罐头厂的营业机关。

到1911年,陈嘉庚已成为一年获利四五十万元的实业家了。而到1913年,他在新加坡菠萝罐头业中跃居首位,产量占新加坡全部产量的一半。

初出茅庐便身手不凡。然而市场风云变幻莫测,陈嘉庚决定开辟新的领域,进行多种经营来扩充实力。他的目光又落到了橡胶上。

当时,橡胶刚刚从巴西移植到马来亚,陈嘉庚敏锐地觉察到它的发展前途。1906年,他首次出资近2000元买进了18万粒橡胶种子,建起了自己第一座橡胶园,由此开始了他的橡胶事业。

祖国不会忘记

在第一次世界大战期间，菠萝罐头等行业因战争影响，销路转滞。陈嘉庚适时转变经营方向，先后将自己的产业重点转到航运和橡胶制造业上。他租用了4艘轮船，后来又购买了两艘轮船，一面承运英国政府等官私货主货物，一面为自己运载原料和产品，既免受战争影响，又获丰厚利润。

与此同时，陈嘉庚开设橡胶加工厂和制造厂，生产胶布，产品大半直销美国。陈嘉庚的经济实力迅速壮大。

1918年，陈嘉庚的两艘轮船在地中海被德国舰艇击沉，航运事业由此告终，但是橡胶事业仍在继续发展。特别是他重点发展橡胶熟品制造厂，试制各种轮胎、胶鞋、卫生用品和日用品，并在南洋、香港、国内许多地方设店自销。他的产品新颖，推销有方，畅销各地，其"钟"牌商标驰誉世界，成为当时赫赫有名的"橡胶大王"。

到了1925年，陈嘉庚的实业发展到了顶峰，拥有胶园近万亩，橡胶加工、制造厂以及米厂、木材厂、冰糖厂、饼干厂、皮革厂等30多家，还有房地产等，资产当时值黄金百万两。

陈嘉庚实业上的成功，**可以说是发了第一次世界大战的财，但更主要还是得益于他个人的才智和魄力。** 他还通过自己的企业，培养造就了大批管理和技术人才，许多人后来都成为卓有成就的实业家，在华侨经济中发挥了重要作用。

追随革命加入同盟会

陈嘉庚的经营实践，为侨居地的繁荣做出了重大贡献。

如果说，陈嘉庚仅仅在实业上锐意进取，获得成功，那他充其量就是个著名的大富翁。而使他彪炳史册，并赢得后人仰慕和敬意的，却是他心系祖国，把个人发展的全部所得投入利国利民的事业中去的高尚情操。

还在陈嘉庚的菠萝罐头业蒸蒸日上的时候，中国资产阶级革命的浪潮也日渐高涨。1906年,孙中山亲临新加坡,建立了同盟会分会,作为南洋革命党人活动的总机关。

在革命先驱者的努力下,南洋华侨民族觉悟觉醒,爱国热情高涨,革命思想在南洋华侨中广泛传播,推翻清王朝、建立民国的主张逐步深入人心。与此同时,列强瓜分中国的危险也日益严重。

陈嘉庚第一次归国期间,清政府败于甲午战争,被迫签订了《马关条约》,与家乡隔海相望的台湾被日本霸占了去,如同福建"被割去一臂"。第3次回国时,八国联军攻陷北京,美丽的小岛鼓浪屿在他眼前变成了"万国租界"。

失地丧权的屈辱使陈嘉庚感受到亡国灭族的切肤之痛。而在新加坡,华侨民族资本又受到西方垄断资本的直接压迫和欺凌。**弱国无国防,内不能保护自己的国民;弱国无外交,外不能保护自己的侨民。**

陈嘉庚在家乡和居留地饱尝了主权被践踏的国民的屈辱和痛苦,祖国振兴和强盛是他的强烈愿望。他在经营实业的同时,时刻关注着祖国的命运。他阅读报刊,了解时事,革命党人关于资产阶级民主革命的宣传引起了他的共鸣:腐朽的清政府不倒,中国就不可能从亡国灭族的危难中解脱。

1909年,陈嘉庚经友人介绍,认识了孙中山。聆听了孙中山的演讲,为孙中山的革命言论所折服,从此他开始追随革命。1910年春,陈嘉庚加入同盟会,剪掉了辫子,以示与清政府决裂。

1911年10月,武昌起义成功,各地纷起响应,清政府倒台,福建也在11月光复。

消息传到新加坡,福建华侨一片欢腾,当即开会商议援助福建革命政府。陈嘉庚被推举为福建保安筹款委员会会长,他不负众望,筹集巨款给福建新政府以有力的财力支持。

孙中山从海外归国赴南京就任大总统职务时,财政发生困难,陈嘉庚又立即汇去5万元。从这时起,陈嘉庚就把自己同国家的进步和人民的幸福紧紧联系在一起了。

辛亥革命推翻了 2000 余年的封建帝制，南洋华侨兴高采烈。他们盼望祖国走上强盛之路，侨胞们有一个强大靠山，从此可以抬头挺胸做人，与世界各民族平起平坐。

陈嘉庚也同样心情激动，只是他更进一步把对国家进步的期盼，化作自己的实际行动，他要为祖国的强盛，献上自己的一份力量。

举家清贫，倾资兴学

1912 年，急于为国效力的陈嘉庚，又一次踏上归程，返回故园，开始了他一生中最浩大的事业——至死不辍的兴学历程。

陈嘉庚把为国效力的方向放在了教育上，这同他的经历有直接关系。

幼年时，陈嘉庚接受旧式教育，对这种教育的缺陷有切身体验。在南洋经营实业的实践中，他更加感受到教育的重要性。几次回国，他留意家乡的教育，看到家乡基本没有教育可言，他非常痛心。

陈嘉庚经营企业所赚得的钱数以亿计，但他认为赚钱的目的是将赚得的钱拿出来为社会办好事、办大事，为社会培养有用人才，以便建设一个能与欧美列强并驾齐驱的独立统一和民主富强的新中国。他决定回国，一则兴办实业，一则兴办教育，以尽"国民一分子之天职"。

首办集美学校

1895 年，陈嘉庚遵母命回到家乡结婚。其间，他出资 2000 元建起了"锡斋学塾"。这是他捐资办学的开始。

1912 年 9 月，满怀报国之志的陈嘉庚重返祖国。他这次回国的目的是想打破传统的教育模式，创办新式学校，使学生的德、智、体、美、劳全面发展。这就要使学校有一个统一的规模，必须停办各房私塾。

当时，集美陈姓各房矛盾很深，陈嘉庚以独自承担新办小学的全部经费为前提，耐心劝说各房房长，终于取得了大家的一致同意。

校舍该建在哪里呢？当时集美社区内住宅较密，空地不多，且三面环海，村外坟墓遍布，没有余地建设校舍。于是，陈嘉庚出资2000元买下村外西边那片面积数十亩的半废大鱼池。他亲自指挥工人，在池四周开挖深沟，用挖出的泥土在池中填造出一座人工岛屿，又招工匠建筑木质校舍，其余场地辟为操场。当时，陈嘉庚的全部业产只有四五十万元，而仅此一项就耗费14000元。

1913年夏天，可容纳7个班的教室和附属校舍全部竣工，集美小学建成。开学后的第3天，陈嘉庚肩背行囊，手执雨伞，深情地和师生们告别，第5次出洋。

集美小学建成后，陈嘉庚又相继增办了女子小学、师范、中学、水产、航海、商业、农业、国学等多所专门学校，统称为"集美学校"。为解决师资问题，陈嘉庚不惜重金礼聘名师，国学家钱穆、文学家汪静之、教育家朱智贤、哲学家吴康、生物学家吴献之、经济学家陈灿、地理学家盛叙功、农林学家章文才、画家顾一尘、体育学家吴振西，都曾在集美学校当过老师。

集美学校在解放前被公认是"全国设备最完全的中等学校"。1949年9月，解放军准备解放集美，攻打驻扎在这里的国民党军。周恩来专门做出指示："集美学校是爱国华侨陈嘉庚创办的，一定要保护好。"于是我攻击部队放弃使用重武器，在付出很大代价的情况下，终于解放了集美镇，完好地保护了集美学校。

创办厦门大学

1919年5月，陈嘉庚的同胞兄弟陈敬贤来到新加坡，陈嘉庚把海外企业的工作交接后，就启程回国了。

陈嘉庚这次回国又有什么举动？一是决定把在新加坡的价值数百万元的

祖国不会忘记

不动资产全部捐作集美学校的永久基金;二是当时福建连一所大学也没有,他想在厦门建一所大学。

1919年6月,陈嘉庚先生回国长住,来到集美,亲自勘察地点,选择了当年民族英雄郑成功的演武场做校址。因为这里不仅风景优美,环境清静,还孕育了中华民族反抗外来侵略、自立于世界的伟大精神。他把家中积存的400万元全部拿出来,宣布要创办厦门大学。随后的一段时间里,陈嘉庚东奔西走,邀请知名人士举行筹备会议,共商兴学计划,解决建校用地等问题。

1921年4月6日,厦门大学开校仪式正式举行,共有3000多人参加。

为使厦大的创办在海内外产生影响,陈嘉庚将开校仪式组织得十分隆重,他以个人名义柬请了厦门官绅商学各界前来与会,并备小轮接送。美国著名哲学家、教育学家杜威及其夫人也参加了仪式并发表了演讲。杜威对陈嘉庚先生创办厦大表示了由衷的敬佩,他在开校仪式上说:**"到会诸君,须景仰陈君……中国人人能效陈君之公,则救国何难之有。"**

由于开学时校舍尚未兴建,厦大暂借集美校舍办学。开学后,陈嘉庚就抓紧兴建校舍的工作,无论寒暑,都到演武场指导施工。

1922年2月,第一批校舍建成,有人建议用陈嘉庚的名字命名其中的主楼,陈嘉庚却极力反对,说命名不应含有私意;再有人建议用陈嘉庚的弟弟、"二校主"陈敬贤的名字命名,陈嘉庚也不同意。后来主楼定名为"群贤楼",取"群贤毕至"之意。

厦大校舍设备的完善,在旧中国绝无仅有。要维持这样一所大学谈何容易。陈嘉庚几次向比他资金雄厚得多的某些实业家募捐,不料他们竟一毛不拔。他不得不独自挑起集美学校和厦门大学两个重负,每月至少支付3万元经费。

创办厦门大学时,正是五四运动开展的时候,到处宣传民主和科学,宣扬新思想、新知识。陈嘉庚对当时新文化运动的主导思想也十分推崇,因此,他鼓励师生进行各种主义的学术研究,邀请各流派的人物到学校进行演讲,如鲁迅、蔡元培、黄炎培、马寅初和杜威等国内外著名学者都在厦门大学做过讲演。在大学图书馆里，可以阅读到各种政治派别的书报刊，包括宣传马克思主义的书籍、《向导》周报、《中国青年》杂志等。

这就使厦门大学成了当时福建的"民主堡垒"，中国共产党、中国社会主义青年团，很早就在厦门大学开展活动了。

"企业可以收盘，学校不能停办！"

厦大开办后，一切经费几乎全由陈嘉庚独力负担。从1926年起，陈嘉庚所经营的企业如江河日下。尽管困难重重，他还是竭尽全力支持厦大，兴建了大批校舍，添置了许多图书和仪器设备，聘请了不少著名教授。学生人数也不断增加，到1930年，已扩展到5个学院17个系。当时有人认为"北有南开，南有厦大"。

1929年，在经济危机和帝国主义倾销的双重袭击下，陈嘉庚企业亏损百余万元。在这种情况下，有人劝他停办学校，可他坚决不肯。1932年，外国某垄断集团提出以停止维持两校为条件把他的企业作为附庸公司加以"照顾"，他断然拒绝，说："企业可以收盘，学校绝不能停办！"

这时的陈嘉庚只得采取向华侨募捐、变卖公司股本以及借债等办法筹集经费支持厦大。

新中国成立后，陈嘉庚仍然十分关心厦大的建设和发展。他信任国家的政策和学校的决断，从不干涉行政，专心考虑建设校舍的问题。从1951年到1954年，由他经手筹措经费、设计、监督建成的校舍，就有24幢，相当于新中国成立前全校建筑面积的1倍。

为了建筑这些校舍，八十高龄的陈嘉庚不辞劳苦，手拄拐杖亲自到厦大督工。数年间，他坚持从集美坐班轮到厦大工地巡视，每周一次，即使遇到敌机空袭或刮风下雨，也从不间断。

祖国不会忘记

陈嘉庚在投资办学方面不惜一切。从 1894 年在故乡集美创办"惕斋学塾"算起，他一生中兴学历史长达 67 年之久，创办和资助的学校多达 118 所，一生献给文化教育事业的钱不计其数，在中国教育史上实乃"千古一人"。然而他自己却举家清贫，一生俭朴。

坚决抗战，拯救祖国

"任何人皆应抱牺牲精神。"

历史可以宽恕，但不可以遗忘。

九一八事变，炮火轰炸开我们脚下的这片土地，而这场侵华战争的开端，距今仅仅过去了 90 年。

1931 年 9 月 18 日，日本关东军的炮火炸毁了南满铁路的一段轨道，也炸开了中日关系的防线。日本反诬中国军队所为，随即大举进攻北大营，震惊中外的九一八事变爆发了。

东北地区山河飘摇，而此时陈嘉庚一手创办的厦大、集美学校也遭遇了前所未有的"凛冽深秋"。陈嘉庚曾记："余之营业自民国十五年起，至二十二年终，此八年间如江河日下，不但无毫利可长，且逐年亏蚀及支出百余万元。"

公司资难抵债，厦大、集美校费也成了一个大问题。

1931 年 10 月，陈嘉庚公司被迫改为陈嘉庚有限公司，当时身为董事经理的陈嘉庚每月工资 4000 元。然而，他只留 100 元作为生活费，其余皆汇给集美学校。在陈嘉庚有限责任公司成立后的 3 年间，为了维持厦大，陈嘉庚只好变卖大厦，他说："**金钱如肥料，撒布才有用。**""**钱取于社会，亦当用于社会。**"

尽管为筹集校费所累，但陈嘉庚先生仍一如既往牵挂着祖国战场的一举一动。

九一八事变后，陈嘉庚在新加坡以福建会馆主席的名义召开侨民大会声讨日本："**通过发电欧洲日内瓦国际联盟会及美国总统罗斯福，请履行各种条**

约，维持世界和平。"

九一八事变后，为了揭露日本的侵华野心，1931年年底，陈嘉庚授意《南洋商报》，印刷了1万份"田中奏折"，在南洋各地广为分发。

一·二八事变爆发，上海沦陷。

一直坚定"守土之责，义所难辞；牺牲虽大，分所甘受"的陈嘉庚，于3月6日致函集美学校秘书处："时至今日，任何人皆应抱牺牲精神，各尽所能以与暴日抗。希勉励学生，激励勇气，勿畏葸自扰！"

"谈和平便是汉奸国贼！"

1937年7月7日夜，日军在北平西南卢沟桥附近演习，自导自演了一出"士兵离奇失踪"的闹剧，要求进入宛平县城搜查。遭到中国守军第29军的严词拒绝后，日军遂炮轰宛平城。几十年来华族社会的积虑，在卢沟桥的烽火中砰然炸裂，战火如水银泻地，从北平开始蔓延千里，各地抗日浪潮此起彼伏。

这年10月10日，陈嘉庚在新加坡成立"新加坡筹赈会"，宣布"今日大会目的专在筹款，而筹款要在多量及持久"。次年10月10日，陈嘉庚又在"南侨总会"成立大会上慷慨陈词："抗战严重期间，凡我侨胞自应精诚团结，集思广益，俾能加紧出钱出力，增强后方工作。"大会宣言指出："敌人前方的炮火一日不止，后方筹款工作一日不停。"

1938年10月，武汉失守。10月28日，国民参政会第二次会议在重庆召开，陈嘉庚以华侨参政员身份，发来电报提案："敌人未退出我国以前，公务员谈和平便是汉奸国贼。"

这份提案无疑在主和论、亡国论雾霾下的重庆引爆惊天巨响。20多位国民参政员联名签署，议长汪精卫只得向大会朗读根据陈嘉庚提案提炼修改的11个字："敌未出国土前，言和即汉奸。"

祖国不会忘记

组织"南侨机工"回国抗战

广州、武汉相继失守后,我国对外交通濒于瘫痪。新修建的滇缅公路成为最主要的军运大动脉,不但需要大批军运汽车,而且急需大批熟练的司机和汽车修理工。国民政府军事委员会西南进出口物资运输总经理处商请陈嘉庚先生在南洋代招募司机和修理工(通称"南侨机工"或"华侨机工")。

陈嘉庚领导的南侨总会遂于1939年2月7日发出了《征募汽车修机、驶机人员回国服务》的第6号通告。陈嘉庚一方面号召华侨捐款捐物,购买大量汽车和军需物品,另一方面还亲自到南洋各埠演说动员,广大华侨青年热烈响应、纷纷报名参加。

2月18日,首批南侨机工回国服务团成员80人在新加坡集中出发,南侨总会举行盛大欢送会。陈嘉庚勉励大家:"你们是代表千万华侨回国服务的,一定要坚持到底。"新加坡报纸出版欢送专刊,把首批回国机工赞颂为"八十先锋队"。

首批机工出发后,更多的爱国华侨前来报名,有的甚至放弃了当时的优越条件,在3年时间里,志愿回国援助抗战的华侨机工前后共有9批3200余人。

滇缅公路崎岖难行,要翻越3000多米的横断山脉,途经怒江、澜沧江、漾濞江,这是一片荒凉的烟瘴之地。3200多名华侨司机和汽车修理工克服种种困难,日夜驰骋,运送军需物资450多万吨。

艰险的滇缅公路成为西南边陲抗战救国的生命线,而在这条生命线上,1000多名南侨机工长眠于此。

常月捐,至战事终止

"南侨总会"以财力、物力、人力全力支援着祖国抗战。从1937年至1941年,南洋华侨累计义捐5亿国币,认购的2.5亿救国公债全部捐献祖国。南侨总会发动华侨多寄侨汇赡养家庭折合国币50余亿元。

当时，厦门大学交给国家公办了，集美学校的经费依然紧张。为了抗日筹赈，陈嘉庚"常月捐，至战事终止，每月国币贰仟元"。而他平日所带，不过5元，一个月的花费，不过2元。

在这抗日烽火中，厦门大学内迁福建长汀。日本投降后，500多名厦大学生奉命赴台，参加接管台湾，助力台湾经济起飞。长汀时期的厦大，也因此被人誉为福建的"西南联大"。

冒险回国，访问延安

西安事变后，陈嘉庚时刻牵挂国内的政治大局。1940年春天，陈嘉庚率领"南洋华侨回国慰劳考察团"，回国慰问抗日军民并考察抗战实况，并借此机会了解国内政局真相，为中国的前途寻找答案。

抵达重庆

1940年3月26日，陈嘉庚一行抵达"陪都"重庆。国民党当局因为陈嘉庚在侨界拥有巨大的号召力和凝聚力，在领导华侨筹赈支援祖国抗战方面做出了巨大贡献，因而把陈嘉庚当作"大财神"。仅在重庆一地，即为举办欢迎宴会准备了8万元经费。

陈嘉庚对此十分反感，特意在重庆各报刊连续3天发表声明：**"在此抗战中艰难困苦时期，望政府及民众实践节约，切勿消耗物力；且当抗战困难时期，尤当极力节省无谓应酬，免致多延日子，阻碍工作！"**

陈嘉庚一行下榻的是著名的嘉陵宾馆，背后是翠绿的青山，前面是滔滔的嘉陵江，环境相当优美，但戒备十分森严。荷枪实弹的军警和便衣特务团团围住宾馆，这种情况令陈嘉庚感到压抑和不适应。

蒋介石亲自出面接见和宴请陈嘉庚，他得知陈嘉庚素来崇尚俭朴，只上四五样菜和一些面包，以宣示他的"新生活运动"精神。但陈嘉庚觉得他在

祖国不会忘记

重庆的所见所闻完全与"新生活运动"精神背道而驰。

这样，陈嘉庚在重庆的 60 多天里，正事没时间做，每天被迫在各种宴会中疲于奔命。但不管什么山珍海味，陈嘉庚一口也咽不下去。他知道大敌当前的中国是多么缺钱。

"前方吃紧""后方紧吃"，竟是"战时首都"大小官员的常态，这让陈嘉庚厌恶和痛苦："这样的政府能领导全民共赴国难吗？民族复兴还有希望吗？"

重庆让陈嘉庚感到失望。到滇缅公路看望过他的子弟后，尽管蒋介石不高兴，陈嘉庚还是决定奔赴传说中的延安。

"中国的希望在延安！"

1940 年 5 月 31 日，陈嘉庚一行抵达革命圣地延安。

在欢迎大会上，陈嘉庚用闽南话发表讲演。

他说："我早就希望到延安访问，能够实现这个愿望我感到很高兴！我代表南洋 1100 万华侨向大家致意！南洋广大华侨有钱出钱，有力出力，全力支持祖国抗战。广大华侨迫切希望国共两党坚持合作、坚持抗战，实现这两条，是全国民众和海外侨胞的共同愿望。"

陈嘉庚一行在延安停留了 8 天。

在延安，陈嘉庚遇见了许多"稀罕事"，让他大开了眼界。

一是与重庆满街乞丐的景象不同，在延安没见到一个乞丐。民众的吃穿不是很好，但人人有活干，精神好，治安好。

二是与重庆到处是当兵的不一样，在延安几天见不到军队。毛主席告诉他："八路军是人民子弟兵，为了减轻人民的负担，军队是一手拿枪，一手拿锄；因战备和生产需要，平时很少出来，有的战士所穿衣服与老百姓一样，一时也认不出来。"在朱德总司令陪同检阅部队时，陈嘉庚看到人民子弟兵列队整齐，步伐有力，精神饱满，气势如虹。他激动得夜不能寐。

三是与重庆当官的高高在上、耀武扬威不同，延安是干群一致，官兵一致。陈嘉庚亲眼看到，毛主席生活十分俭朴。办公室设在一孔窑洞里，一张办公桌，几把椅子和一条长板凳，墙壁上挂着一幅地图，如此而已。

毛主席单独请陈嘉庚吃饭，除白菜、咸萝卜干外，最讲究的是每人一碗鸡汤。毛主席说："我没有钱买鸡。这只鸡是邻居老大娘唯一的一只鸡，正下着蛋呢，她知道我有远客，悄悄宰了送来的。"

陈嘉庚一听，差点落泪。这个山沟里的党的质朴廉洁，官民关系的水乳交融，还有上上下下饱满向上的精神状态，跟重庆的腐朽堕落截然不同。

一回到重庆，精神焕发的陈嘉庚马上召开记者会，直截了当地告诉全国人民："**延安让我如拨云雾见青天，中国的希望在延安！**"

从此，陈嘉庚与国民党分道扬镳。后来，南洋华侨的捐献源源不绝地流向中共领导下的抗日根据地。

此前，因为国民党是"正统"，又值大敌当前，陈嘉庚一直是坚定的拥蒋派。陈嘉庚的转变重创了国民党的合法性，蒋介石大为震惊，深感耻辱。他一辈子也想不通：我对他那么好，他为什么打我的脸？为什么去了一趟延安，就变了一个人？共产党到底用什么"买通"他的？

作为大地主、大资产阶级的代表人物，蒋介石当然不会明白，东拼西凑的一顿农家饭，怎么会有如此功效。他不知道也不理解，**共产党一个攻无不克的传家法宝，竟是艰苦奋斗的作风。艰苦奋斗中蕴含着丰厚的精神宝藏，蕴含着人心向背的密码，根本不能用物质来衡量。**

重庆的挥金如土，暴露了他们的愚顽落伍、暮气沉沉；延安则坚定地站到人民一边，主动顺应和引领时代潮流，党的青春活力和精神魅力熠熠生辉。两相对照，陈嘉庚和全体中国人民一样，不可能有第二种选择。

1942年2月，日军进攻新加坡，陈嘉庚连夜离开新加坡，集美学校、厦大校友舍命护送。

1945年8月15日,日本无条件投降,陈嘉庚结束了匿居生活。11月18日,旅渝福建同乡会、厦大集美校友会等团体在重庆发起召开"陈嘉庚安全脱险庆祝大会"。毛泽东送来一幅单条,上面题**"华侨旗帜　民族光辉"**八字;周恩来和王若飞致辞:**"为民族解放尽最大努力,为团结抗战受无限辛苦,诽言不能伤,威武不能屈,庆安全健在,再为民请命。"**

2014年10月,习近平总书记在纪念陈嘉庚先生诞辰140周年之际,仍用"华侨旗帜　民族光辉"高度评价陈嘉庚。

投身人民解放事业

创建《南侨日报》,呼吁和平民主

陈嘉庚回到新加坡不久,国内传来了国共两党签署《双十协定》的消息。

许多人认为国共合作,和平民主建国,前途乐观。而陈嘉庚却看透了国民党当局独裁腐败,反共反民主的本质,断定内战一定会打起来。

在香港《华商报》请他为《双十协定》题词时,陈嘉庚写下了**"还政于民,谋皮于虎,蜀道崎岖,忧心如捣"**16个字,表达了他对时局与众不同的深刻见解。果然,1946年6月,国民党当局在美国的支持下,撕毁了《双十协定》,发动了对解放区的全面进攻。

美国人出钱出枪,出动军舰、飞机把50多万国民党军队运送到前线,并派出9万海军陆战队,进驻上海、天津、青岛、北平、秦皇岛等地,赤裸裸地干涉中国内政。

美国支持蒋介石打内战的行径激起陈嘉庚的无比愤慨。他以南侨总会主席名义致电美国总统杜鲁门、美参众两院议长、美国特使马歇尔和美国驻华大使司徒雷登,抗议美国援蒋内战,警告美国**"多方援助贪污独裁之蒋政府,以助长中国内战,长此以往,中国将视美国为日本第二"**。要求美国:**"迅速**

改变对华政策，撤回驻华海陆空军及一切武器，不再援助蒋政府，以使中国内战得以终止。""本人代表南洋 1000 万华侨，特向贵国呼吁，请顾全国际信誉，以日本为前车之鉴，勿再误信武力可灭公理。"

陈嘉庚的电报像一颗炸弹炸响，引起了巨大震动。华侨社会掀起了"反陈"与"拥陈"的轩然大波。独裁与反独裁、民主与反民主力量进行了激烈交锋，最后民主力量占了优势。

通过这一事件，陈嘉庚和华侨民主派深感有必要建立自己的宣传阵地，作为民主派的喉舌，为和平民主呼吁。

在华侨民主派的推动下，陈嘉庚联络各帮侨领，创立了南侨报社有限公司，亲任董事会主席。陈嘉庚为报纸确定了"反蒋拥共"的原则立场。

1946 年 11 月 21 日，《南侨日报》出版发行。陈嘉庚在创刊号上发表《告读者》一文，阐述了办报宗旨："创立《南侨日报》，其目的在团结华侨，促进祖国之和平民主，俾内战早日停止，政治早日修明，国民幸福早日实现，以达到孙国父建国之主旨。"

《南侨日报》宣传国内新民主主义革命，促进华侨爱国团结，为侨民的自身利益服务，受到广大侨胞的信任和欢迎。陈嘉庚本人也在《南侨日报》上发表了许多专论和演讲词，表达了他对中国共产党必胜、国民党蒋介石必败的信念。

心怀祖国，回国参政

1949 年 1 月，人民解放战争接近全国胜利，毛泽东致电陈嘉庚，邀请他回国参加新政协会议，共商建国大计。陈嘉庚欣然复电应允。

6 月 15 日，陈嘉庚在北京出席了中国人民政治协商会议筹备会议，在致辞中他满怀希望地展望：联合政府成立后海外华侨的地位可以提高，海外华侨对祖国的期望将会实现，绝大多数华侨都会拥护民主联合政府，拥护中国共产党和毛泽东主席。

祖国不会忘记

会后，陈嘉庚离开北京，前往东北、内蒙各地考察，两个多月时间，行程5000多公里，给他留下深刻印象，他对国家前途充满了信心，得出结论："**从东北看全国，国家建设的前途是一片光明。**"

从东北回到北京，陈嘉庚作为政协华侨小组的召集人，参加了人民政治协商会议的筹备工作。9月21日，中国人民政治协商会议第一届全体会议在中南海怀仁堂隆重开幕，毛泽东在会上庄严宣告："占人类1/4的中国人从此站起来了！"海内外中国人多年的企盼终于成为现实。

陈嘉庚激动万分，无比自豪。他在会上以华侨首席代表的名义致辞，并被选为政协第一届全国委员会常务委员、中央人民政府委员和华侨事务委员会委员，其后又担任了全国侨联主席。

10月1日，伟大的历史时刻，陈嘉庚登上天安门城楼，参加了开国大典。看到五星红旗冉冉升起，群众游行队伍中红旗漫卷，汇成了红色的海洋，他不禁感慨万千道："**中华民族喜爱红色，今天欣逢几千年来空前的大喜事，自然要把人民的首都北京打扮得红光普照，喜气洋洋。**"

1950年2月15日，陈嘉庚回到新加坡，在当地华侨举行的欢迎大会上做了题为《回国观感》的演讲，向华侨报告了新中国成立的盛况，以及在政治、经济、军事、文化等方面所取得的成就。随后，他又在《南侨日报》上连续撰文，畅谈回国观感，并汇编为《新中国观感集》付印发行，使广大华侨进一步了解新中国，贴近新中国，心向新中国。

1950年5月21日，陈嘉庚在处理完新加坡的各种事务后，正式离开新加坡回国定居，积极投入新中国的各项建设事业中。他把自己在新加坡的产业变为现款加上筹款共汇回1000多万元，用于扩建集美学校和厦门大学。对国家大政和家乡建设提出许多具有卓见的建议，得到人民政府的重视和采纳，其中尤以鹰厦铁路和厦门海堤的建设方案最为人们所熟知。他是党的真正诤友，在国家事务方面如有不同意见，总是知无不言，言无不尽；做到肝胆相照，荣辱与共。他激动地说："知我者党也！"

1961年8月12日，陈嘉庚病逝于北京，享年87岁，后归葬于集美鳌园。

1990年3月，国际小行星命名委员会将一颗编号为2963的小行星命名为"陈嘉庚星"。2009年，陈嘉庚当选100位为新中国成立做出突出贡献的英雄模范人物。2019年，陈嘉庚被授予"最美奋斗者"称号。

音乐欣赏

《我爱你，中国》

李清泉
不悲身死忧国衰

20世纪初到太平洋战争爆发前,在菲律宾政治、经济舞台活跃着一位杰出人物,被称为"菲律宾经济发展史上占有永久地位的人",是菲律宾华侨史上最有建树、声誉最为卓著的爱国华侨领袖,没有之一。

他就是本文的主角,李清泉。

从侨乡少年到"木材大王"

1888年,李清泉出生在福建省晋江县金井镇石圳村一个普通的华侨家庭。12岁那年,家人把他送到厦门同文书院读书。

彼时,菲律宾马尼拉王城内的西班牙总督向美国投降,而中国的福建厦门被英国所迫开埠通商。

美国领事和几个中国人合办了厦门同文书院,院长是美国人,对英语教育自然非常认真。少年李清泉对英语产生了兴趣,这对他的终生有着决定性的影响。

李清泉知道自己将来也会和父辈一样,到那个叫"吕宋"的地方去,只是这一天来得有些早。

祖国不会忘记

菲律宾群岛的主岛叫吕宋岛，中国自古就称菲律宾为吕宋。1543年，西班牙占领了这里，便以其国王Philippe的名字命名为Philippines，汉语译为菲律宾。

在同文书院快乐学习的时间只有一年，李清泉跟随父亲到了马尼拉，就在父亲的"成美木业公司"上班。他白天劳动，晚上还坚持学习英文。父亲见他这样勤奋，就又送他到香港圣约瑟西文书院学习。

展现在李清泉眼前的香港，已是一座有模有样的现代化都市。入夜，读书倦了的李清泉，会到海边散步。中区正在填海造地，海岸线换上了新貌；城市里有了电灯的光明，夜晚同样生机勃勃。他看在眼里，记在心里，要是马尼拉、厦门也有电灯、电话、电报那该有多好。他坐上坚尼地域到筲箕湾的电车，体验速度与激情。

也许正是香港的经历，让李清泉在心里种下了日后改变故乡面貌的种子。30年后，正是他，使厦门的海滩改变了轮廓，漳龙铁路在福建南部的山区里穿行。

香港4年，李清泉所学到的不只是英文，还有香港怎样进行现代化的城市建设。其中影响最深的是，金融在经济建设中如何起作用。

1906年，完成学业的李清泉回到菲律宾。他没想到，离开时冷冷清清的街道，现在已人来人往，像香港一样，大家都在建设道路上奋进。原来，菲律宾自1901年停止抗美活动，成立了文治政府，施行土地改革，和美国进行自由贸易。

时代的弄潮儿正迎来一波大浪。李清泉希望成美木业能为菲律宾经济做出贡献。他的木材事业快速发展，其原因，一是他1919年被选举为马尼拉中华商会会长，后又连任数届，在扩展业务方面很有人脉关系；二是1920年斥巨资收购当时生产能力居菲律宾第2位的美资内格罗菲律宾木材公司，由此得以大力拓展海内外市场。

到了20年代晚期，李清泉的木材生意达到全盛期。他拥有两座持有伐木和锯木长期特许权的大林场；一家以马尼拉为基地的母公司，制作、配送和销售的木材及木制品，每年耗用板材达数百万立方米；还有一家船运公司，主要为他自己公司的岛间运输和出口服务；拥有一支运输船队、接驳船艇，以及码头设施，因此他的木材可以运到美国、澳大利亚、中国、日本、欧洲和南非等许多国家和地区。

李清泉经营木材业有一个显著特点，植林、采伐、贮木、锯木、制材、加工、销售、运输和出口等一系列经营环节，他都掌控在自己手里。当时，木材是菲律宾的主要出口产品，他一人就控制了菲律宾木材交易额的80%。因此，在当时的菲律宾，李清泉有了"木材大王"的美誉。

不得不说，李清泉不光英语说得好，还懂得与欧美人交往，在美国人统治菲律宾的时代，这是他事业成功的主观原因。

奉献华侨社会深谋远虑

李清泉在经济方面的成就，使他成为菲律宾华侨社会推重的人物。加上他个人的见识、热心服务的精神，使他在1917年被选为马尼拉中华商会董事，并于1919年当选为会长。

第一次世界大战期间，欧洲列强无暇东顾，日本乘机加强对中国的侵略，严重损害了中国的主权。中国人民的反日情绪日渐增长。1919年，巴黎和会上中国外交的失败，五四爱国运动爆发，中国掀起了反帝、反日的巨浪。

在菲律宾，**"中国人在李清泉的领导下，默默地负起他们作为国民的责任"**，当时的《马尼拉时报》这样报道。

此时，李清泉只有31岁。一直到1940年去世，在长达20余年的时间里，他一直是菲律宾华人社会的实际领导者。

在李清泉的领导下，加上美国对菲律宾的大力开发，其时也算作风开明，

祖国不会忘记

菲律宾华人社会既虎虎生气也充满朝气。

在实际工作中，李清泉还是深感侨社组织松懈，没有强有力的核心领导。特别是华侨资金大有增加，但金融掌握在外国银行手中。正在运筹之时，一位"贵人"出现了。

黄奕住，印尼首富及糖王，著名的爱国华侨企业家和社会活动家。1919年冬天，黄奕住到菲律宾观光，与李清泉等朋友乡贤谈起华侨的金融全被外人操控着，亟待谋划建立自己的银行，如此才能进一步巩固华人社会根基。

英雄所见略同。经过大半年的筹备，1920年，菲律宾首家华人银行中兴银行开业。黄奕住当即认股菲币100万。

黄奕住比李清泉年长20岁，从此二人亦师亦友，成就了一段君子之交的佳话。

华人银行并不仅仅是为菲律宾华人社会提供资金支持，它还有着很多看不见的影响。

华侨社会是工商社会，华商们在商言商，且一般只管自家生意，相互间接触不多。中兴银行建立后，李清泉在做好银行本身业务的同时，更加注重和多种行业交流联络，社会影响不断增大，侨领作用进一步突显，对时局和社会的看法也更为全面。李清泉通过银行建立领导核心的做法，后来也为菲律宾马科斯总统所效仿。

中兴银行帮助资金调济运用，促进了华人资本的积累。由此，菲律宾华人社会结构也逐步改变。女性数量成倍增长，使菲律宾华人社会由侨寓社会蜕变至定居社会。随之，新生的学童越来越多，华侨学校相应增加。

西文簿记法案力争到底

1921年2月，一向四季如夏的菲律宾居然有些寒意。歧视华侨、限制华侨工商业发展的法案——"西文簿记法案"竟被菲律宾国会通过了。

该法案规定，华侨工商业户记账不准用中文，必须用英文、西班牙文或菲律宾文，违者处 1 万比索（菲律宾货币）以下罚款或两年以下监禁。

法案颁布后，立即在菲律宾华侨社会引起轩然大波。簿记法无疑对华侨商人，尤其是中小店主将带来巨大的冲击。数以万计的华侨中小店主不谙英文、西班牙文或菲律宾文，且因本身规模小、盈利有限，无力外请专职记账员，势必面临高额罚款或牢狱之灾而被迫关门歇业，数万华侨家庭将因此失去生计。

得悉消息，李清泉马上向美驻菲总督哈里森提出异议，又派员到美国向美国总统和美国国会请求干预此案。美国新总统沃伦·哈定因此派出代表团到菲律宾考察此事。

李清泉又发动华侨再掀抗议浪潮，还动员南洋各地华侨社团予以声援，得到各国华侨社团的热烈响应。迫于压力，菲政府不得不宣布"法案"推迟一年实施。

"西文簿记法案"不仅仅是阻碍了华侨的生计，更是一项辱华法案，是对中华民族的公然蔑视。世界上没有哪一个国家，对外侨在记账使用文字上施加侮辱性法律限制，国际上从没有过这种先例。

时任马尼拉中华商会会长李清泉担起重任，全力以赴保护全菲华侨的利益。菲华侨社会团结一致，抗争到底，迫使美国最高法院宣布菲律宾殖民当局的这项法案违反美国宪法，彻底予以否决。1926 年 6 月，菲政府最终宣布取消这一法案。

抗争"西文簿记法案"的收获是巨大的。酝酿之初，马尼拉的商团只有中华商会、木商会、福联和布商会，胜诉之时，已有铁商会、米商会、烟商会等，各地也成立了多个商会。华侨商人在抗争中自己组织起来了。中华商会也因簿记案而扩大组织，成为侨社的领导中心。在这一抗争过程中，为了扩大宣传，李清泉把原来由中华商会出版的《华侨商报》月刊改为日报。

祖国不会忘记

李清泉在构建事业宏图的同时，积极投身建设菲律宾华侨社会，为侨胞争取和捍卫正当权益，成为当地侨胞拥戴和信赖的领袖。

至死不忘救国

李清泉把祖国的安危看得比什么都重，拳拳赤子之心令人敬佩。

早在五四运动时期，李清泉就同全国人民站在一起，通电北京政府反对出卖民族利益。1924年，国内人民要求和平统一的呼声甚高，李清泉再次通电段祺瑞政府，敦促他实现和平统一，并为此亲自出席南北和平统一会议。和谈破裂后，国民革命军出师北伐，李清泉捐饷13万银圆资助。

凡有利于民族利益的事，李清泉就挺身而出，倾力而为。

为有效动员侨胞筹款支持北伐，李清泉率先抛弃门户之见，主动恳请国民党在菲律宾的中坚人物戴金华、王泉笙二人出面协助，主持资助北伐的筹款活动，并主动代募短期救国公债100多万元。

南京政府成立后，出于为振兴祖国效力的动机，应蒋介石之聘，李清泉出任中华民国财政部和实业部顾问，并担任国货信贷银行监察委员和中国银行董事。

1931年，九一八事变、东北沦陷消息传到南洋，李清泉拍案而起，发起组织"国难后援会"，以动员华侨投入支援东北人民的抗敌斗争。同时通电美国等国，呼吁国际舆论制止日本侵华行径。他还捐资20万元支援东北义勇军。

1932年，日本侵略军又发动一·二八事变，李清泉立即同杨启泰、王泉笙、曾廷泉、史国诠、黄腾论、杨荣标、杨静桐等华侨共同发起成立"菲律宾华侨救国联合会"。

为了更广泛地动员华侨投入抗战，1932年2月3日，中华商会和马尼拉国民党支部联合召集各华侨团体联席会议，共策救国方略。会上决定成立"国难后援会"，推举李清泉为会长，并随即筹集巨款资助淞沪抗战和东北义勇军。

李清泉
不悲身死忧国衰

在十九路军淞沪抗战中,李清泉"斥资首倡汇助国军",这次捐资为南洋群岛之冠。至 1932 年 9 月,汇交蔡廷锴达 80 万美元,汇交东北马占山抗日军费达 40 万美元,并捐出 20 万美元交福建省作为国防建设资金。

为支援祖国抗战,李清泉还把抵制日货作为打击日本军国主义势力的重要手段。

1931 年 11 月 26 日,在有 3000 余人参加的菲律宾华侨救国代表大会上,李清泉宣布了"抵制日货条例",成立了抵制委员会,并亲自参加该组织活动。

当时,有人担心抵制日货会引起侨商同日本的贸易关系恶化,顾虑造成法律上的麻烦。对此,李清泉毅然说:"诸位认为该做的就放胆做。"这一斗争,第一年就使日本对菲律宾出口减少 20%。

1937 年 7 月 7 日卢沟桥事变爆发,日本帝国主义悍然发动了全面侵华战争。李清泉立即召集菲律宾各埠侨领,成立"菲律宾华侨抗敌委员会",作为统一华侨救国运动的领导机构。李清泉出任主席,杨启泰、薛芬士出任副主席。在成立公告中宣布,该会以**"策励侨众开展爱国运动,以人力物力援助政府抗敌御侮"**为宗旨。并在全菲各地成立分会以全面开展筹款、抵制日货和鼓励青年回国参战。

随着日军加紧对华南的侵略步伐,作为东南沿海的重要省份,福建成了日军侵略的重点。1937 年 10 月 26 日,日军占领金门,揭开了侵略福建的序幕。到次年 4 月、5 月,福州、厦门两地先后沦陷。日寇在福建烧杀掳掠,无恶不作,犯下了滔天罪行。八闽儿女奋起反击,用鲜血和生命给予日寇沉重打击。

远在菲律宾的李清泉,对日军的暴行愤慨至极,他立即组织"福建华侨救济委员会",捐资经费 1000 万元供福建救赈和武装民众。当他看到海外华侨抗日救国情绪日益高昂,而南洋各地华侨均各自行动,缺乏统一领导时,认为成立全东南亚华侨抗日组织,统一行动,将会更有效地领导和组织华侨开展抗日救国活动。

祖国不会忘记

1937年秋，李清泉致函陈嘉庚先生，建议"南洋华侨应在香港或新加坡组一筹赈总机关，领导募款"，陈嘉庚先生回以"新加坡乏相当人，请转商香港较妥"。

李清泉认为成立华侨总会刻不容缓，且由陈嘉庚先生出面发起最为适宜。1938年夏，他再次致函陈嘉庚，倡议在新加坡组织华侨总会。印尼巴城侨领庄西言亦有此议。

在陈嘉庚同李清泉、庄西言等爱国侨领的共同努力下，1938年10月10日，南洋各埠代表大会在新加坡召开了。

救国心切的李清泉亲率菲律宾代表团，最先到达新加坡。大会决定成立"南洋华侨筹赈祖国难民总会"，并制订了筹赈行动计划，推举陈嘉庚为总会主席，李清泉、庄西言为副主席。1938至1941年3年之中，总会共筹款2.64亿国币汇回国内，有力地支援了祖国抗战。其中李清泉任主席的菲律宾抗敌委员会，筹集抗日经费1200万菲币。陈嘉庚先生称赞，"其数目为南洋各属华侨之冠"。

在抗日斗争中，李清泉的另一突出贡献是发起"航空救国运动"。他召集各界侨领共商航空救国事宜，并"慨然独捐战斗侦察机一架以为侨界倡"。捐机活动立即得到菲律宾侨胞的响应，共募资300万元，购机15架，命名为"菲律宾华侨飞机队"。这是抗战中华侨最早的捐机活动。从此，蓝天中翱翔着华侨战机，祖国抗战如虎添翼。

李清泉身患糖尿病，但他仍抱病为祖国奔走，后来病情恶化，送往美国加州医治无效，于1940年10月27日与世长辞，享年52岁。临终之时，他留下遗言，"将10万美元遗产给祖国抚养难童"。

在李清泉的激励下，马尼拉侨团和他的生前好友共筹集40万美元作为祖国救助难童基金，以表示对李清泉的永久纪念。人们盛赞他是**"至死不忘救国的人"**。

"贤者不悲其身之死，而忧其国之衰。" 这是在李清泉去世后，他曾创办的《新闻日报》总编辑吴重生对李清泉的至高评价。为祖国兴亡，鞠躬尽瘁，死而后已。苏洵的名句用在李清泉身上，可谓是贴切至极。

感召夫人并肩抗战

李清泉夫人颜敕，原名颜受敕，晋江县金井镇洋下村人，1894年出生。与李清泉在家乡结婚后，同往菲律宾定居。

李清泉不顾身死投身祖国抗日救亡，极大地感召和影响了夫人颜敕。在抗日战争期间，颜敕同丈夫李清泉并肩作战，成为一位杰出的爱国华侨妇女领袖。

颜敕虽然是一位家庭妇女，但思想开朗进步，虽然身处南洋，但她时刻关注祖国存亡。

卢沟桥事变后，南京成立中国妇女慰劳自卫抗战将士总会，菲律宾爱国华侨妇女闻风而动，组织"菲律宾华侨妇女慰劳自卫抗日将士分会"，颜敕被推选为主席。

妇慰会在马尼拉维礼示街的基督教青年会所2楼设立办公室，积极开展抗日救亡工作。当得悉八路军、新四军在前线英勇抗战，战果辉煌，1938年3月6日，颜敕以菲律宾华侨妇慰会主席的名义汇款1万元给八路军购买雨具，并于当月10日，专门写了一封慰问信给八路军总司令朱德。信中写道："**公率三军，捍卫北疆，捷报频传，侨众欣跃。本月6日特汇中行国币1万元，托为购置雨具，运交将军分发八路军士兵应用。**"

朱德总司令十分珍重颜敕女士的爱国热情，遂于4月2日同副总司令彭德怀联名复函感谢，并表示：**"唯有率我八路健儿，与东方强盗奋战到底，备求不负侨胞之期望，而尽军人之天职。"**

华侨妇慰会发动捐募过程中，涌现了不少动人的事迹。

1939年9月1日，妇慰会在马尼拉发动救援祖国难民和伤兵的募捐活动时，

祖国不会忘记

有一位14岁的杜姓小学生，听到老师介绍国内同胞遭受日寇侵略的种种苦难之后，回到家里悄悄地把自己储蓄的零用钱拿了出来，一下子买了26元的面包，送到妇慰会总部，请求把这些面包寄交给祖国饥寒交迫的难民和伤员。

妇慰会收到了这些面包，考虑到如果将面包直接送回祖国，势必变质，所以将这些面包分成5份，分别拿到马尼拉市5所华侨小学，向同学们介绍这位杜姓同学的爱国事迹，并将这些面包义卖，结果卖了112.99元菲币。

第二天，妇慰会的负责人以60元菲币再买了3200个面包，并用印着那位小学生爱国事迹的纸包装好，交给马尼拉市中山小学的男女学生，分别拿到街上、电影院去义卖，在华侨社会广泛宣传这位杜姓小学生的爱国事迹，这次义卖共得菲币648.18元。

居住在马尼拉市的华侨名流戴博士，以50元菲币买了面包，表示他的爱国热情。还有一位低收入的百货店姓施的店员，当他听到那位小学生的爱国故事后，也用他的50元储蓄金买了面包。

这次爱国义卖活动，在华侨社会引起很大反响，掀起了爱国抗日热潮，并收到了一大笔捐款。在宋庆龄发动为前线将士捐棉衣时，妇慰会捐献了15万元菲币。

1940年3月8日，马尼拉市的华侨妇女第一次集会纪念国际劳动妇女节，颜敕利用这个机会开展了一次爱国抗日宣传活动，同时向侨胞做了一次妇慰会成立以来的工作汇报。她们还编写了一个剧本，把一些基本数字和活动情况结合在剧情中加以介绍。

在纪念三八节前夕，妇慰会就印了一些爱国抗日歌曲小册子，分发到各华侨学校去演唱。同时约请一些社会名流撰写有关纪念三八节宣传抗日文章，分别在《新中国报》《新闻日报》《公理报》《华侨商报》等几家华文报上刊登，壮大了纪念活动的声势，扩大了抗日宣传的影响。由于事先做了充分准备工作，所以三八节纪念会开得很成功，效果很好，到会的侨胞受到了一次深刻的爱国主义教育。

1942年1月,日本帝国主义南进入侵菲律宾,菲律宾广大华侨与当地人民同仇敌忾,奋起与日寇搏斗,开展地下抗日活动和游击战。颜敕和她领导的华侨妇慰会同救亡协会的骨干,组成了菲律宾华侨抗日反奸大同盟(简称"抗反")。"抗反"和菲律宾华侨抗日游击支队(简称为"华支")等组织,同中、菲、美友军合作,积极开展斗争,直到抗日战争取得全面胜利。

1945年2月4日凌晨,"华支"马尼拉中队与美军先头部队一起进入马尼拉市区。马尼拉南部尚在激战的时候,颜敕就领导妇慰会开始恢复活动,第一次全体委员会在李清泉木材厂会议室召开,特邀"华支"后方办事处主任林季良到会,向委员们介绍"华支"的战绩及当时的战局。

同年3月,颜敕出席马尼拉抗战胜利后第一次举行的国际妇女节庆祝大会,当场通过4项决议:一、致电孙夫人宋庆龄、蒋夫人宋美龄、廖夫人何香凝致敬报捷;二、致电罗斯福总统及其夫人致敬报捷;三、致电麦克阿瑟将军致敬报捷;四、致电美洲华侨呼吁救灾。

颜敕还带领妇慰会积极协助"华支"后方办事处组织华侨各界的前线慰问团,有20多个侨团单位参加。4月26日早上8点,慰问团在颜敕的率领下,乘坐4辆大型军车到南吕宋前线慰劳中、菲、美军将士。5月8日,颜敕又亲自率领慰劳团,前去慰问配合菲、美盟军光复菲律宾首都马尼拉市的"华支"第一、第四等大队的全体指导员。

1971年10月24日,颜敕在马尼拉病逝,享年77岁。

建设故乡改变市貌

在建设菲律宾、服务华侨社会的同时,李清泉一刻也没忘记故土。他提倡实业救乡,成立闽侨救乡大会,致力于故乡福建的开发和建设。

建设新福建,要号召绝大多数福建人来参与,起手工作就是宣传。在李

祖国不会忘记

清泉的一手操办下,《新闽日报》应运而生。在维持地方秩序、武装侨乡前提下,闽侨救乡大会还讨论兴办实业与教育,建筑全省铁路,兴办漳龙路矿。

在李清泉的带动下,南洋华侨对福建开始投资。由于当时闽南各地土匪横行,只有厦门因为是通商口岸,鼓浪屿又是公共租界,地方秩序和治安情形都比较好,所以华侨把投资建设家乡的热情,集中在了厦门。而厦门的鼓浪屿犹如乱世里的世外桃源,承载了华侨的思乡爱国之情。

今天的鼓浪屿,被称作"万国建筑博物馆",1000多幢老别墅筑就了它独特的风情。蜿蜒起伏的小街巷里,常可见游客们按图索骥,想要寻找声名遐迩的福建"别墅之王"容谷别墅。

容谷别墅的主人正是李清泉。

对于李清泉,不仅是游客,厦门本地人也常常会联想到容谷别墅。

下了鼓浪屿轮渡钢琴码头,走过鹿礁路、漳州路,再顺着复兴路3号楼边的台阶拾阶而上,砖红色的镂花铁门上赫然出现"容谷"二字,这就是鼓浪屿大名鼎鼎的容谷别墅了。

事实上,李清泉在鼓浪屿有多栋别墅,而容谷别墅最为豪华精致。

"容谷"之名,据说取意于"有容乃大",是李清泉心迹的体现。又有说,其实容谷本来应该是"榕谷",而"榕"字源于别墅门口的一棵百年古榕,"谷"字源于别墅由山石打造而成,宛如山谷。这幢别墅很大,占地3600平方米,庭院、欧式喷水池、高大的南洋杉、假山、观景亭等一应俱全,不仅可静坐休憩,还可登高望远,一览鹭江风光。

在别墅内部,中西合璧的折中风格随处可见。作为菲律宾的"木材大王",李清泉用最好的木材作为别墅材料。别墅后厅有一张直径达2米的整块梨花木圆桌,桌面没有经过任何拼接,直接从一棵树上截下来的。据说,当年桌子做成后,轰动一时,作为菲律宾当时最大的一张原木桌,得过亚洲博览会金奖。

这幢容谷别墅，对于李清泉来说，是一座为爱情和亲情倾力筑造的建筑。

李清泉的婚姻是传统的包办婚姻，在和妻子颜敕成婚之前，两人没有任何交往。后来，夫妻二人去菲律宾做木材生意，从白手起家直到成为菲律宾的"木材大王"。从菲律宾回到鼓浪屿后，李清泉便打算在鼓浪屿上建造一幢别墅，作为送给妻子的礼物。这也是对妻子多年陪伴的感激。

李清泉同样借这幢别墅表达自己对亲情的重视。别墅侧面的一栋精致小楼，是为妻姐颜雪所建。颜氏姐妹父母早亡，颜雪既当家姐，又做家母，将妹妹抚养成人十分不易。为了感念妻姐对妻子的抚养和照顾，李清泉便送给妻姐这份礼物。而这栋小楼也被人们称为容谷别墅的"姐妹别墅"。

在建造容谷别墅的同时，李清泉就开始在厦门进行大规模投资。他对当时厦门城市的建设和开发功不可没。

事实上，李清泉和厦门的渊源早在1899年便开始了。当时，11岁的他被送往厦门同文书院，他在这里学习英文，为日后在海外经商奠定了语言基础。到了1927年，李清泉和叔父在厦门成立"李岷兴公司"，在厦门中山路、中华路、大同路等地建起数十栋商住楼。在他们带动下，大批侨资开办的地产公司纷纷崛起，现代风格的骑楼成为厦门最亮丽的风景线，一个崭新的新城面貌随之产生。

在当时的那场地产热潮中，李清泉的投资规模仅次于黄奕住的公司，但李清泉对基础设施建设的重视，让他与众不同。从1927年开始，李清泉在厦门海边买下了今天的鹭江道到沙坡尾一带的大片土地，填海造堤、修筑码头。但随着抗战爆发，李清泉没来得及看到这些建设的成效，厦门便落入日寇之手。

令人遗憾的是，1940年，李清泉英年早逝。

李清泉的一生是令人敬佩的。李清泉没有忘记在香港时的壮志，他希望为家乡建设出一份力，要让家乡像香港那样现代、漂亮，他更坚持不懈地投资国内建设，发展民族工业。而谈其一生，振兴中华才是他一生的夙愿。

祖国不会忘记

这样看来，吴重生引用苏洵的名句赞许李清泉，真的是一点都不为过。如今，在轮渡码头附近吹着海风的人们，大多并不知晓李清泉，游客们也只有在听导游解说容谷别墅时，才得知他对这座城市的贡献。

积极倡导中菲友好

李清泉眷恋故土、不忘祖国，他也热爱着菲律宾，把自己的一生奉献给菲律宾经济发展事业。

李清泉一生的大部分时间在菲律宾度过。他事业的最鼎盛时期，正是美国从西班牙手中接管菲律宾以后，历经第一次世界大战到太平洋战争爆发前夕。这是菲律宾经济迅速发展的时期。李清泉把主要精力投入这一经济发展的潮流。

菲律宾报纸在评介李清泉对菲律宾的贡献时指出："**他是那一时代的商业巨人、慈善家和有远见的人。他在菲律宾这个飞速发展国家经济的历史上占有永久的地位。李清泉属于过去，但他的辛勤工作，勇敢开拓取得的成就，对我们建设国家这一伟大任务，做出了长久性的贡献。**"

纵观李清泉一生，对菲律宾经济开发有两大贡献：一是木材行业的开发，一是金融事业的开发。

李清泉发现菲律宾木材资源丰富，对菲律宾是巨大的经济潜力，首先把精力集中于开发菲律宾的木材资源。日本学者李国卿在《东南亚华侨资本的形成与发展趋势》一书中称，"他注意到菲律宾的国土有42%为森林所覆盖，并成功地经营了造林—伐木—制材—加工—销售—出口等联合企业体系，荣获了菲律宾'木材大王'的称号"。使"木材成为菲律宾的主要出口产品部门，约控制了菲律宾木材交易额的80%"。

更能表明李清泉关心菲律宾经济繁荣的，是他充分认识到金融业在国家经济发展中的作用后，不仅自己率先创办第一家商业银行，而且极力动员菲律宾有识之士兴办银行。著名的菲律宾银行家、中央银行行长迈克·柯典诺在他回忆李清泉的文章中，详尽地描绘了李清泉如何一再敦促和鼓励他创办银行。他说："**我正是因李清泉先生的鼓励而成为一个银行家。**"他指出，是在李清泉先生直接倡导下，1938年他创办菲律宾商业银行，菲律宾原总统科拉松·阿基诺夫人的父亲许寰哥出任行长。迈克·柯典诺称李清泉是"**默默地为菲律宾服务的人**"。

李清泉对菲律宾的贡献不仅体现在经济上，他始终极力倡导中菲人民的友好，敦促中菲双方珍惜人民建立起来的深厚友谊。只要菲律宾人民需要援助，他从不吝啬财力物力。正如菲律宾报纸在悼念他的文章中所说，"每当受灾时期，不管是水灾、地震、风灾，也不管是发生在中国，还是在菲律宾，他都向灾民伸出援助之手"。被誉为有"急公好义之心"，是"菲律宾最大的慈善家"。

李清泉受到菲律宾朝野的普遍尊敬和爱戴。他的去世被看作菲律宾国家的重大损失，这是对他最好也是极高评价。

美国驻菲律宾商会原会长贾齐思说："**李清泉先生的去世，使菲岛失去了一位热衷于建设菲律宾的人。**"前参议员普阿特说："**李清泉是菲华友谊最早的倡导者，由他发起和主办的工作，极大促进菲华社会的密切联系，他以他的经历，商业工作，对菲律宾人民的福利事业做出了贡献。**"菲律宾著名外交家卡洛斯·罗慕洛称："**李清泉一生中的最宝贵的岁月在菲律宾度过，他把自己看作菲律宾社会的一个组成部分，他同菲律宾人民同甘苦共患难。**""**他的死，是我们人民及社会的最大损失。**"

菲律宾前总统奎松的悼词说："**李清泉先生除了对这个国家的经济，他以推动中菲两国人民的友好而闻名，他将为菲律宾人民所铭记。**"

1940年11月1日，李清泉的遗体由他弟弟李峰锐、李其昌和他的长子李世杰、次子李世伟由美国加州扶柩返菲，安放在菲律宾中央大教堂。中国驻菲领事代表为灵柩盖上国旗。有5000人前来瞻仰李清泉遗容，向这位侨领告别，

祖国不会忘记

表达了他们的哀悼。蒋介石、宋庆龄夫妇，菲律宾总统奎松，美驻菲总督以及美国和菲律宾其他官员发来唁电。

菲律宾政府按照给予一个功绩卓绝的伟人的礼仪，为李清泉先举行隆重葬礼。出殡那一天，菲律宾政府下半旗志哀。沿途人海如潮，人们争相与这位杰出人物做最后的告别。

菲律宾人民以真挚的感情来悼念这位杰出的人物。正如菲律宾《先驱报》对李清泉的逝世报道的那样：**"一种悲痛的气氛笼罩着马尼拉。"**

菲律宾《世界日报》指出：这一哀荣**"是对这位以道德权威、荣誉及人道的华人社会杰出人物所表现出的空前痛惜和敬礼的流露"**。

李清泉一生的光辉业绩将永远激励着海内外华夏子孙，他高尚的爱国精神光照千秋！

音乐欣赏

《我的祖国》

司徒美堂
从"洪门大佬"到爱国侨领

对于今天的年轻人来说，司徒美堂这个名字可能已经相当陌生了，但在20世纪上半叶，他却是一位叱咤风云的人物。

他是美洲华侨组织安良堂的创始人，美国前总统罗斯福给他当过10年法律顾问。

他是孙中山先生的挚友，资助孙中山开展革命活动。

他带领美洲20多万华侨开展抗日救国运动14年，以各种名义汇入中国的资金高达4.8亿美元，捐助几十架飞机，有力地支持了祖国抗战。

他以一己之力，担起沟通美洲华侨与祖国的桥梁，用自己的个人威望和爱国热情带动广大海外侨胞支持抗战。

他是蒋介石的座上宾，蒋对他礼让有加。

他更是毛泽东、周恩来等中共领导人真心信任的朋友。

……

回首历史，**谁能不为这位从"洪门大佬"到爱国侨领传奇而精彩的一生而惊叹呢！**

祖国不会忘记

漂洋过海赴美洲

司徒美堂原名羡意，字基赞，1868年4月3日出生在广东省开平县赤坎镇牛路里村一个农民家庭。

少年时期，正值中国动荡与混乱的时代。广东作为与列强最先接触的地方，已经受到了较多的资本主义冲击，小农经济逐步解体，广大劳动人民的生活更加贫困。司徒美堂一家正是这贫困人民中的一户。

司徒美堂4岁时，父亲就不幸去世了，母亲独自艰难地抚养他成人。6岁时，母亲送他到私塾读书，后因家庭实在困难，无法再供他继续读下去，10岁时，被送到一个木匠那里去当学徒。学徒的生活很苦很累，每天忙得晕头转向，辛苦不说，还要挨师父的打骂。

工作闲暇的时候，小司徒美堂跟着当地的一位武师学习武术，由于他的天资很好，很快便练就了一身好功夫，这对于他日后的闯荡有着很大的帮助，也养成了爱打抱不平的侠义性格。

1880年，年仅12岁的司徒美堂迎来了人生之中的第一次转变。一次偶然的机会，小司徒美堂认识了一位从美国归来的华侨，了解到了美国的一些情况。在这位华侨的影响下，一幅崭新的美国图景在小司徒美堂的眼前缓缓铺开，那位华侨向他描述的"金山"深深吸引了他，他决心到美国闯荡一番。

抱着闯"金山"、寻找出路的期冀，他向母亲苦苦哀求。母亲一想，反正待在家里也快饿死了，不如放他出去闯一闯。

怀揣着母亲东凑西借52元"龙洋"买的船票，小司徒美堂离开了家，随同乡经香港，登上了开往美国的帆船。

船上的日子十分难熬，人们大多是怀着远离故土的焦虑和对美国的不安登上船的。 曾有老华侨回忆说："那时候乘坐帆船，航程从三四个月到半年没有一定，快慢要看天气。在船上，华侨自携虾酱佐膳，日久都生了虫。抵岸时胡子几寸长，眼凹面黑。海洋上浪大如山，很多人熬不过风浪，抱着桅杆从香港一直哭到旧金山，等到平安上岸，恍如隔世了。"

那时候的华工和当年的黑奴没什么区别，国家贫穷，人民贫穷，只有被剥削、被欺诈的份儿。

经过一个多月的漂泊，小司徒美堂终于踏上了美国旧金山的码头。

哪知，美国给小司徒美堂的见面礼不是他想象中的美好，却是当头的一顿羞辱。

走下轮船的小司徒美堂，手拿粗布袋，穿着中国的土布衣服，脖子上拖着一条大辫子，蓬头垢面，形容枯槁。脚刚踏上码头，就被几个美国流氓用马粪、烂西红柿等脏东西抛了一身。这种屈辱经历在司徒美堂的心里留下了难以磨灭的印象。

当时华侨在美国的境地非常悲惨，如1885年8月在怀俄明州盐泉城基督教暴徒就杀死了19个华侨，并残伤几十人。也正是这种被欺凌的遭遇，让司徒美堂立志要为华人争光，要让外国人不敢再欺负中国人。

"安良堂"里当"大佬"

到了旧金山，先要解决生计问题。

司徒美堂到处找工作，由于语言不通且没有一技之长，只得在旧金山的一家中国餐馆"会仙楼"中充当小工。12岁的小童工每天工作不下16小时，而每月工资仅得12美元。

1883年，司徒美堂阅读了《扬州十日》《嘉定屠城纪略》等书，为清人的暴虐和汉人的悲惨遭遇所触动，思想上受到了很大的启示。再加上当时的华侨为了保护自身，维护自身利益，多有加入致公堂等帮会。于是司徒美堂便歃血为盟，加入了"洪门致公堂"。就这样，年仅17岁的司徒美堂成了洪门的一分子。

洪门是明末抗清群众性秘密组织，太平天国失败后，由于革命分子逃亡海外，美国华侨的洪门组织开始发展起来，习称为"洪门致公堂"。

司徒美堂入洪门后，开始进行"反清复明"活动。当时，有些美国流氓无赖欺侮华侨，常到中国餐馆吃"霸王饭"，吃饭不仅不给钱，还要摔碗扔碟，甚至动手打人。华侨深受其害，但因身在异国他乡，清政府又软弱无能，也无可奈何。

司徒美堂年轻气盛，富有正义感，好打抱不平，加上从小又学得一身格斗武术，手持一刀一棍，十数人莫能近身。每每遇上此类流氓，他就毫不犹豫地挺身而出，三拳两脚，把对方打翻在地，抛到街上。

那时的美国，正值经济低迷，工人下岗问题严重，于是便有部分白人将原因归结到华人身上，认为是中国人抢去了他们的饭碗，再加上当时美国的种族歧视现象严重，法律制度不健全，在美国的华人不受当地法律的保护，便时常有白人欺压华人。白人管华人叫"黄猪""该死的蒙古人"，后面又叫"黄祸"。这种情形下，华人的生活常常是苦不堪言。

"会仙楼"虽然已经是当地比较大的中餐馆了，但依旧经常会被当地的白人混混找碴。一次，一群白人混混又来餐馆吃霸王餐，由于消费金额过大，餐厅老板只好硬着头皮上前理论，可这群人不仅不给钱，在餐厅大砸特砸，还将老板打了一顿。

面对咄咄逼人的白人流氓，血气方刚的司徒美堂没有采取息事宁人的态度，而是挥起了自己的拳头。一身好功夫的司徒美堂因为下手过重，竟将一个白人打死了。

"中国人打死美国人！"一片嘈杂中，司徒美堂被警方逮捕了。整个华人社区震惊了，觉得又解气又揪心！

本来司徒美堂这番举动只能算是自卫，毕竟他也是餐馆的员工。但是当时美国国会已经通过了《排华法案》，按照这部无理的法律，司徒美堂被抓进了牢里，并被判处死刑。华侨及洪门人士见此情景，立即筹款相救，最终司徒美堂在被囚禁十个月后获释出狱。从此,司徒美堂其人其事就在华侨中传开了。

司徒美堂出狱后失了业。为了谋生,他给洋人管家、看孩子、当男保姆。1894年春,他来到美国军舰"保鲁磨"号上当伙夫,跟着军舰到过秘鲁、古巴、巴西、巴拿马等地,又到过法国巴黎,广开了眼界,也结交了不少三教九流的人物,经过很长时间的漂泊后才来到纽约。

当时的美国,革命团体有致公堂,反动团体有保皇党,另外还有受到美国人控制的"土生同源会",也有形形色色、大大小小的会馆,如"龙岗会所""四姓会所""胥山会所"等。这些团体非常混乱,恃强凌弱,还常常被美国人挑拨互相攻击。这样不仅削弱了当地的华人力量,还容易被人利用。

司徒美堂回忆当时的情况时曾说:"那时,各堂头目好像一对给人玩弄的蟋蟀,只要坏人用小竹丝一摆动,两只蟋蟀就打到你死我活,而坏人则在旁边偷笑,真是令人痛心。"看到同胞们在被美国人和争权夺利的人利用下自相残杀,司徒美堂很是揪心,他决定改变这一切。

1894年,在当地华侨阮本万、李圣策等人的支持下,司徒美堂在美国波士顿致公堂内另立系统,组织安良堂,打出了"锄强扶弱,除暴安良"的旗号。因为安良堂多帮助华侨,很快就成为洪门致公堂旗下的强势团体,最后发展成在全美国31座城市都有安良堂,规模浩大,有成员2万多人。中国的美洲侨胞势力达到了前所未有的团结。

当时的社会组织同现在一样,需要处理一些涉法事务,于是司徒美堂聘请了一名美国律师担任安良堂的法律顾问。这名美国律师身份可不一般,他的全名叫富兰克林·罗斯福。对,就是美国历史上唯一连任过3届总统的罗斯福总统,只不过当时的他还只是个小有名气的律师。

罗斯福在安良堂任法律顾问达10年之久,他也被司徒美堂的人格魅力所折服,对他佩服有加;司徒美堂对这位聪明能干的年轻人也十分欣赏,称赞他以后一定大有作为，两人建立了深厚的友谊。

罗斯福当选美国总统后，和司徒美堂依然保持着良好的私人关系。凡是华人的事情，只要司徒美堂写信给罗斯福，罗斯福都会很快亲笔写信回复，尽力帮助解决。

此后，罗斯福连任3届总统，司徒美堂对此也是喜出望外。他在想着，希望借着与罗斯福那多年的信赖关系，要将废除《排华法案》的事向他秉告。司徒美堂展纸写信给罗斯福，罗斯福真的将老朋友的这封信当作大事件来处理了。

1940年10月，罗斯福咨文国会，提请废除《排华法案》。他说："**限制华人法案是历史上的错误。**"

事情正要得到解决，美国却被推入战争的烽火中。1941年12月7日，日本偷袭珍珠港，太平洋战争爆发。废除《排华法案》的事被耽搁下来。

1943年，司徒美堂再次给罗斯福去信，要求废除《排华法案》。这一次，司徒美堂没有失望。

1943年12月17日，美国国会通过提案，实行了50年的不平等"排华法"得以取消。

司徒美堂十分高兴，他代表洪门人士和广大侨胞向罗斯福写信表示衷心的感谢和敬意。

罗斯福收到信后说："**此为顺潮流而动，合乎人道而已。**"

1905年，司徒美堂在美国纽约成立了"安良总堂"。

纽约是美国第一大城市，当地华侨众多，华侨的堂口也很多。保皇党和清朝钦差馆都有相当的反动力量。安良堂能在这里立足并成立总堂，标志着这座独树一帜的新山头有了飞跃的发展。其影响所及，除了波士顿和纽约两堂以外，在华盛顿、芝加哥、费城等31座城市先后成立了安良分堂或安良支堂，入堂人数骤增。

司徒美堂任安良总堂总理达40余年之久，他领导侨胞开展团结爱国、互助互济活动，且十分注重与各界人士的交往，与政界、商界人士多有交往，本人也被称为"大佬"，尊称为"叔父"。

不得不说的是，建立安良总堂的过程是艰苦的。美国当地帮派组织不愿看到安良堂发展壮大，当时的国内保皇党污蔑他们为"暴徒"，都想要刺杀司徒美堂。司徒美堂对此毫不畏惧，出门时腰间总暗藏两把枪，随时准备跟刺杀者拔枪决斗。他的胆气和以命相搏的勇气让敌手为之胆寒，唐人街的社会得到了安宁。

面对腐朽落后、丧权辱国的满清统治者，当时身在美国的司徒美堂跟很多国人一样，都对中国的未来充满了迷惘，他不知道中国这艘古老而巨大的航船会在风雨飘摇中驶向何方。

资助孙中山革命活动

1904年，一个真正影响到司徒美堂并带给他革命思想的人出现了——中国革命的先驱者孙中山先生。

司徒美堂后来回忆说："我们当时对于世界大势、中国的革命前途都十分模糊。直到1904年孙中山先生第一次自檀香山去美国，向我们讲了中国革命的道理，才把洪门兄弟在'反对满清，建立民国'的目标下统一起来，使华侨革命运动走上了新的阶段。"

这年夏天，孙中山到美洲进行革命活动并筹集经费。在致公堂盟长黄三德的介绍下，司徒美堂认识了孙中山。司徒美堂对孙中山的思想非常认同，由此决定拥护孙中山。孙中山到达波士顿时，司徒美堂发动当地洪门人士热情接待。

此后的半年，孙中山在司徒美堂家里住下。司徒美堂每天早上出去卖肉，回来就给孙中山当厨师做饭，晚上两人促膝谈心。司徒美堂还自告奋勇，充当孙中山的保镖，保证孙中山的安全。

这期间，司徒美堂聆听了孙中山讲的许多革命道理，提高了政治认识。孙中山对他的组织能力也深为赞许，给予指导，并着意整顿，使洪门组织带上了革命色彩。司徒美堂还把自己从孙中山那里懂得的革命道理向华侨宣传，并募集资金帮助孙中山开展活动。

为积累群众基础，凝聚革命力量，孙中山建议举行洪门总注册并重订致公堂新章程。1904年5月，受致公堂的委托，孙中山在檀香山为美洲致公堂起草了《重订致公堂新章要义》和新章程80条，把**"驱除鞑虏、恢复中华，创立民国、平均地权"**作为致公堂的纲领。新纲领的提出迈出了致公堂自我改造的关键性一步，逐渐走上了救国救民的正确道路。

为进一步支持孙中山领导的革命斗争，司徒美堂力促致公堂联合同盟会成立"洪门筹饷局"，开展大规模的筹款活动，在短短3个月内就筹得14.4万美元。自武昌起义到南京临时政府时期，仅旧金山洪门筹饷局一处就提供了20余万美元的资金。

1911年4月，广州起义失败后，国内同盟会人电告孙中山，急需革命经费15万美元。孙中山一时难以筹措。司徒美堂得知消息，便向致公堂提议，毅然决然地将加拿大多伦多、温哥华、维多利亚三地4座致公堂大厦典押出去，及时筹足了所需款项。同年，武昌起义后，孙中山归国所需的旅费，也全是由司徒美堂等人提供的。

1912年前夕，孙中山准备回国就任中华民国临时大总统，因缺乏旅费无法成行，又是司徒美堂和几位洪门兄弟为他筹足旅费，送他顺利回国。

司徒美堂这样慷慨解囊让美国人看了都"生气"，可他本人说：**"这是华侨饱受帝国主义'教训'的必然结果。我们深知国家不强之可耻可痛，要雪耻就要先捐钱。"**

华侨是渴望祖国富强独立的，也实实在在地帮助了辛亥革命。所以，后来孙中山说："华侨是革命之母。"这确是他有感而发的真心话。辛亥革命领导人之一谭人凤在《社团改进会意见书》中写道："革命之成，实种于200年前之洪门会党。"

1912年1月1日，孙中山在南京宣誓就职中华民国临时大总统，司徒美堂以美洲致公堂总理的身份，发动各地致公堂与孙中山通电300多封表示拥护。孙中山还致电司徒美堂，力邀其回国出任总统府临印官，司徒美堂婉辞且在回电中直抒胸臆："吾乃不求做官，只图革命成功，中华振兴。"

倾力支援祖国抗战

司徒美堂虽身在美国，但一直关注着祖国的前途和命运。

1931年九一八事变爆发，日本人的铁蹄侵入中国。

此时，司徒美堂已经60多岁了，但他不顾年事已高，积极投身抗日救亡运动中，成为美洲华侨抗日救国运动的重要带头人。

司徒美堂召集洪门兄弟开会，表达抗日的决心，他主动向堂斗的对手协胜堂认错，要求在海外的中国人不要再内斗，团结起来一致抗日。之后，致公堂内部结束了长期堂号林立、互不团结的局面，过去的门户之见为挽救中华民族危亡而"涣然冰释"。

九一八事变之后，日本为了转移国际视线，并迫使南京国民政府屈服，于1932年1月28日进攻上海中国守军，淞沪抗战爆发。司徒美堂得知消息，联合纽约各侨团组织成立了"纽约全体华侨抗日救国会"，发动华侨捐款支持抗战，开展抗日救国活动，这是海外华侨成立最早的抗日救国团体之一。

1932年2月初，司徒美堂在安良堂主持召开了干事会，做出3项决定：一、以致公堂名义呼吁支持在上海坚持抗日的中国军队；二、迅速成立洪门筹饷机构，发动募捐；三、组织华侨青年航空救国。会后，在纽约唐人街几乎天天有个人和团体拍电报支持坚守在上海的中国军队；各社团纷纷派专职人员办理捐

祖国不会忘记

款捐物的工作；致公堂组织侨校的学生到街上宣传抗日，进行募捐活动；一批批华侨飞行员和航空技术人员相继回国。

1937年7月7日，日本悍然发动了震惊中外的卢沟桥事变，中华民族全面抗战开始了。

消息传到美国后，司徒美堂带领纽约华侨当即成立"救济总委员会"。在该会的19名执委中，司徒美堂是年龄最大的一位，当时已近七旬。该组织的任务是对整个华侨社会进行总动员，监督和协调一切爱国活动，特别是筹款和宣传活动。在该组织的发动和领导下，纽约市区每月参加各种救国活动的华侨达3万多人次。纽约华侨抗日救国活动进一步高涨，有力地影响和带动了全美国乃至整个美洲华侨社会。

为使广大侨胞尽最大努力从财力上支援祖国抗战，司徒美堂发动纽约和美东地区华侨于1937年10月成立了"纽约全体华侨抗日救国筹饷总会"。该会在成立宣言中，号召华侨"毁家纾难""一致团结，出财出力来援助祖国抗战"。

为集中精力从事抗日救国工作，司徒美堂辞去了其他一切职务，专门负责"筹饷总会"的工作。5年之中，他每天上午10时开始工作，直至深夜结束，每天工作十三四小时，风雨无阻。

当时募捐的种类有额捐（规定每人每月15美元）、飞机捐、散捐、公债票和餐馆的自由捐等。在14年抗战期间，纽约仅额捐一项就达1400万美元，华侨人均捐款800美元。而当时纽约洗衣店的一名华侨工人，周薪才六七美元。据估算，1939年的1美元大致相当于今天的20美元。

从九一八事变到抗战胜利，美洲的20多万华侨开展抗日救国活动长达14年，以各种名义汇入中国的资金达4.8亿美元之多。同时，美国华侨还为祖国抗战捐献飞机50架，捐献各种车辆数百辆，回国参战的华侨青年近千人，其中大多数参加了中国空军。司徒美堂及其领导的"筹饷总会"还与宋庆龄在香港领导的"保卫中国同盟"进行秘密联系,将美洲华侨的部分捐款资助给中国共产党领导的八路军、新四军。

"筹饷总会"19名执委中,司徒美堂虽然年龄最大,但他积极奔走于美洲国家,宣传抗日救国。在美洲致公堂爱国精神的感召下,檀香山、菲律宾、马来西亚的洪门分会纷纷提出"团结合作,贡献抗战"。

1942年,为使侨资直接迅速用于抗战,司徒美堂在重庆创立华侨兴业银行,自任董事长,开办侨汇业务,为抗战吸纳了大量资金,为抗战取得胜利起到了重要作用。司徒美堂本人成为捐献最多的17名华侨之一。致公党被中国共产党列入中国"愿意参加抗日救国事业的各党派、各团体"之中。

美洲华侨尤其是美国华侨为祖国抗战做出的重大贡献,与司徒美堂的带动与领导有密切关系。正如我党在重庆的《新华日报》上对司徒美堂所评价的那样:**"抗战以来,他领导旅美侨胞做热烈捐献活动,成绩斐然。"**

有利于抗战的,他必定全力支持,而对破坏抗战,他总是十分愤恨。司徒美堂就是这样旗帜鲜明。

西安事变后,杨虎城被迫辞去军职,前往国外考察。1937年7月30日,杨虎城到达纽约,国民党军统特务随之对其进行暗杀。杨虎城深夜紧急面见司徒美堂,请求帮助。

司徒美堂立即派出洪门兄弟保护杨虎城,甚至不惜与军统翻脸,亲手杀掉了准备在美国暗杀杨虎城的4名军统特务,保护杨虎城顺利离开纽约。

1941年夏秋之间,蒋介石为拉拢司徒美堂,让他以行政院参议的名义回国参观。

12月2日,司徒美堂由旧金山乘邮船抵达香港。香港的各方人士设宴洗尘,并照相留念。不料数日后珍珠港事变,香港沦陷。日军从照相馆搜得底片,知道了司徒美堂的相貌,就在香港四处寻找,最后抓到了司徒美堂。

日军驻港司令希望司徒美堂出任维持会长,维持香港的治安,司徒美堂则以年逾古稀，腿脚不便，初到香港又人地两生为由，坚决不从。

双方一时僵持不下，日军就让司徒美堂暂时回家。3天后，日军就送来了"委任状"。司徒美堂得知香港的中共地下党正在设法营救他，就拖延时间，要求日军发"聘任状"，理由是这辈子从未被人委任过。

由于司徒美堂是引人注目的知名人士，中共地下党对他的营救颇费了一番心思。

考虑到司徒美堂的年龄和腿疾，中共地下党仔细制定了路线、食宿和警戒等细节，事先派人避开日军和国民党军统的秘密监视，通知司徒美堂行动计划。

司徒美堂激动得难以自已，表示自己一定做一个堂堂正正的中国人，绝不被日寇所利用。他说，在他最危难的时刻，共产党向他伸出了关怀的双手，可谓患难之交，终身不忘。

就在那天晚上，司徒美堂接到香港中共地下党的出走通知。他乔装打扮后跟随来人，先乘"滑竿"到九龙，再翻山越岭到大埔，然后乘渔船抵达广东的南澳，受到了东江纵队的迎接。

1942年，司徒美堂经曲江、桂林，到达重庆，经历了惊险的一幕幕。在重庆，司徒美堂任华侨参政员，出席了八路军办事处的欢迎会，发表了坚持抗战、反对投降的言论。他无情地揭露国民党政府祸侨、害侨的罪行。此后，司徒美堂又离开中国，亲赴美洲各地为抗战筹款，并宣传国内抗日民主根据地和中国共产党领导人民抗战的情况。

司徒美堂为抗日救国所做出的辛勤努力，正如后来《华商报》社论的评价："司徒美堂在九一八事变发生以后，即为主张抗日最坚决的一人，当时并主张取消党治，以团结各党派共组抗战政府，同时在美发起全美华侨抗日救国会，提高侨胞民族意识，尽力筹集款项，督促并协助政府抗战。其目光的远大与爱国的忠诚，可以概见。"

"我是地道的中国人"

抗战胜利后，中国走到了一个分叉口，是和平建国，还是继续战争？蒋介石政府完全不顾民族大义，假和平真内战，选择了继续战争，中国再次陷入了一片纷乱之中。

目睹了蒋介石政府的腐败混乱和争权夺利的司徒美堂，决心支持代表着最广大人民的利益、真正全心全意为人民服务的共产党。其实，他在美洲的时候，就已经不顾国民党分子的攻击，多次在财力上给八路军和新四军以重大支持。

1945年3月12日，为了更好地集中华侨力量，支援祖国，并推动国内民主政治发展，司徒美堂在纽约主持召开了"美洲洪门恳亲大会"，决定将美洲洪门致公堂改组为**"中国洪门致公党"**，司徒美堂当选为该党美洲总部主席，成为举足轻重的美洲侨领。大会还通过了党纲，明确要"以华侨资本和人力参加复兴中国的建设"。会上，司徒美堂联合美洲各华侨报界发出著名的《十报宣言》，提出"结束国民党的一党专政，还政于民，召开国民代表会议，成立民主政府"的政治主张。

1946年4月，司徒美堂率美洲洪门致公党10位代表回到上海，准备召开"五洲洪门恳亲大会"，组织华侨政党参与祖国的民主政治建设事业。回国之前，司徒美堂分别致电国共两党和民盟，中共和民盟都复电表示欢迎，唯独蒋介石因不愿有其他政党存在而不予答复。

洪门代表回国后，亲眼看到蒋介石正忙于准备内战，四大豪门则忙于"劫收"发财，美国兵代替了日本兵，老百姓仍处在水深火热之中，大失所望。

6月，司徒美堂与蒋介石会面，一心为国为民的司徒美堂自然与一意孤行搞独裁的蒋介石话不投机，司徒美堂选择了扭头就走。后来，司徒美堂又去拜见中共代表周恩来，双方意见相同，相谈甚欢。因此，不管是思想上还是行动上，司徒美堂都渐渐地疏离了国民党，**而与一心为民的共产党走得更近了。**

祖国不会忘记

司徒美堂在上海期间，举行了记者招待会。他以沉痛的语气说：**"数月居沪，曾亲睹国内实际情况，贪污事件层出不穷，工厂倒闭，大部分经济事业均为官僚资本所垄断。此种现象，如不用民主力量予以制止，将使国家沦于万劫不复之地。"**

在此之前，记者们见他手执大手杖，不解地问道："先生带这么大的手杖回国做何用处？"司徒美堂严肃地说："专门打'挂羊头卖狗肉'的家伙。"听者咋舌，越发对其肃然起敬。

1946年11月，国民党"伪国大"开锣前夕，国民党军队攻占了华北重镇张家口，蒋介石踌躇满志，根本不把民主党派放在眼里，只给五洲洪门"伪国大"代表一个席位和特别费3000美元，但被司徒美堂拒绝。

蒋介石急了，忙请美国驻华大使司徒雷登从中斡旋。司徒雷登领命后，请司徒美堂吃饭，表示要用"半个中国人"的资格来欢迎司徒美堂这位"半个美国人"。

司徒雷登声称自己虽是美国人，但在中国住了五六十年，父母的坟山也在杭州，他爱恋中国，习惯于中国人的思想生活，与其说他是美国人，不如说他是半个中国人，因此他一定要从中协助，把中国搞好。

司徒美堂听后很不以为然，表示："我在美国住了60多年，可是并不怎样爱现今的美国，所以不是半个美国人，我还是一个地道的中国人，只爱恋中国，我只愿这把老骨头埋在中国。""美国人民援助中国，我们很感激。但美国兵、美国飞机、美国军舰几乎开入中国每一个角落；美国的银纸在中国流通；美国人那样地关心中国政治；**美国政府那样热衷挑起中国内战**。很明白，这不是援助，这样下去中国不亡于日本就亡于美国。"

两位"司徒"的谈话最后不欢而散，"舌战"司徒雷登让司徒美堂感到如释重负的酣畅淋漓。

蒋介石一计不成又生一计，请出了上海青帮头目杜月笙。杜月笙连劝带威胁道："司徒老啊，国大代表是蒋委员长提名的，让你当就当吧，他可不是好惹的。"

司徒美堂勃然大怒，挥杖拍案而起，大吼道："我司徒美堂不当就不当，告诉蒋某人，司徒美堂难道就好惹吗！"

司徒美堂拒当"伪国大"代表后，洪门代表全部离沪返美，司徒美堂自己也于1947年7月乘船去了香港。在香港，他对蒋介石的幻想完全破灭。下一步要走什么道路，一时还未下决心。

在此年冬天，面对蒋介石"假和平真内战"的企图，司徒美堂代表广大侨胞向蒋介石发出了"反对分裂，坚持团结；反对投降，坚持抗战"的通电。

不久之后，重庆政府提名他为"华侨参议员"，司徒美堂再次断然拒绝了。他说：**"我追随孙中山先生革命，是为了爱国而不是为了做官，像国民党那样祸国殃民的罪恶集团，我抱着'耻与为伍''敬鬼神而远之'的态度，我是绝不加入的。"**

毛主席写信请他回国

1948年4月30日，中共中央发表了《纪念"五一"劳动节口号》，号召召开新政协，成立民主联合政府。"五一口号"迅速得到全国人民和各界的热烈响应，各民主党派也纷纷发表声明，积极支持中国共产党的主张。

为"出国族于危亡，救人民于水火"，1948年8月，司徒美堂公开拥护中国共产党和毛主席的"五一口号"，上书毛主席，坚决跟着共产党走；10月发表声明，拥护中国共产党召开新政协的主张，表示"愿以八十有二之老年，为中国解放而努力"。

1949年4月，毛泽东亲笔写信给司徒美堂，邀请司徒美堂回国参加新政协。毛泽东这封真诚的邀请信，让81岁的司徒美堂读了之后心情十分激动。

在被当地团体推为美洲华侨代表后，司徒美堂立即动身回国。回到祖国的司徒美堂，受到了毛泽东、周恩来的热情欢迎。

1949年秋，司徒美堂参加了新政治协商会议，并被推选为全国政协委员、中央人民政府委员兼中央华侨事务委员会委员，后又任全国人大常委会委员。

新政协筹备会上，一些代表考虑到以往的传统，提出应在"中华人民共和国"全称后面加注"简称'中华民国'"的字样。司徒美堂站起来发言说："我是参加辛亥革命的人，我尊重孙中山先生，但对于'中华民国'这4个字则绝无好感。理由是'中华民国'与'民'无涉，最近22年来更给蒋介石弄得天怒人怨，让人痛心疾首。我们试问，共产党领导的这次革命是不是跟辛亥革命不同？如果大家都认为不同，那么我们的国号应该叫'中华人民共和国'，抛掉又臭又坏的'中华民国'的烂招牌。仍然叫'中华民国'，何以昭告天下百姓？我们好像偷偷摸摸似的，革命胜利了，连国号也不敢改。我坚决反对什么简称，我坚决主张光明正大地用'中华人民共和国'！"

1949年10月1日，司徒美堂登上了天安门城楼，参加了开国大典，聆听了毛主席向全世界发出的庄严宣告："中华人民共和国中央人民政府今天成立了！"他亲眼看着五星红旗在庄严的国歌声中冉冉升起，激动得热泪盈眶。

从一个落魄的少年，走上了"洪门大佬"的宝座，最终登上天安门城楼站在了伟人毛泽东的身边。司徒美堂之后撰文说：**"我还能看见中华民族有昂首挺胸的这一天，使人吐了一口憋在心里几十年的'弱国之民'的闷气。"**

新中国成立后，素有功成身退思想的司徒美堂曾想到香港或美国定居，后经周恩来的极力挽留，遂在北京北池子83号一座古香古色的四合院定居下来，从此结束了69年的旅美生活，真正回到了祖国的怀抱。

此后，司徒美堂积极参加各项政治活动，对国外华侨发表言论，号召华侨团结在祖国的周围，支持新中国建设。他长期与海内外侨胞和洪门人士保持着联系，帮助他们解决困难和问题，并向广大华侨、海外洪门人士介绍新中国成立的情况，宣传党和政府的各项政策；他关心海外留学人员，在他的影响下，不少新中国成立前留学海外的英才纷纷回国参加社会主义建设。

1955年，司徒美堂在《祖国与华侨》一文中写道："祖国，是一个亲切而伟大的名字。""转眼之间，我不觉是80多岁的人了。很惭愧，为华侨服务得太少，只是不忘记祖国，不忘家乡……""因为祖国解放了，使我这个老华侨过着幸福的晚年生活……"

1955年5月8日，司徒美堂病逝，享年87岁。周恩来等国家领导人出席葬礼，周恩来亲自担任主持。盛大的葬礼，也是对这位"一生爱国"的老华侨最好的慰藉了。

斯人已逝，但他的奋斗精神和爱国热情永远也不会消失，只要翻开中国的史册，只要回顾那段风云激荡的历史，人们就可以清楚地看到。

司徒美堂，他是一名洪门大佬，但他更是一位中国人，一位为民族独立和国家富强做出了巨大贡献的先辈，一位给我们留下了不朽精神财富的伟人。

音乐欣赏

《我和我的祖国》

南侨机工
战斗在滇缅公路上的赤诚卫国者

2020年11月12日凌晨2时，最后一位南侨机工罗开瑚在云南昆明去世，享年104岁。

罗开瑚离世后，世间从此再无南侨机工。

1939年，抗战进入最黑暗的时刻，中国所有的国际通道几乎都被日军封锁，只有僻处大西南的滇缅公路仍然畅通，几乎所有的援华物资和军火都依赖这条"抗战生命线"输送。然而，面对繁重的运输任务，中国却缺乏足够的司机和汽修人员。

此时，3200百多名东南亚各国华侨子弟响应爱国侨领陈嘉庚的号召，毅然抛却南洋舒适的生活环境，辞别亲人，踏上回国抗战之路。

他们被称为"南侨机工"。

南侨机工组成的"回国服务团"，极大地弥补了抗战交通大动脉上汽车司机和机修人员的紧缺，成为战斗在滇缅公路上的赤诚卫国者。

祖国不会忘记

危局

1939年2月，一则消息在人们的奔走相告中迅速传遍南洋。这是以华侨领袖陈嘉庚为首的南侨总会，向全体华侨发出的一份紧急通告：

"为通告事，本总会顷接祖国电，委征募汽车之机修人员及司机人员回国服务，凡吾侨具有此技能之一，志愿回国以尽其国民天职者，可向各处华侨筹赈总会接洽。事关祖国复兴大业，迫切需要，望各地侨胞侨领，深切注意办理是要。"

1937年7月7日，日军悍然发动卢沟桥事变，抗日战争全面爆发。在大战之初，日军曾叫嚣"3个月灭亡中国"，然而仅仅在上海淞沪战场，他们遭遇到了中国军队英勇顽强的抵抗，此战就长达3个多月。

就在日本陆军肆虐中国大地的同时，日本海军也蠢蠢欲动。1938年9月5日，也就是武汉会战期间，日本军部发表"遮断航行"的宣言，日本海军宣布要封锁中国全部海岸线。

1938年10月，日军占领广州；4个月后，海口失守。至此，中国东南沿海的重要港口全都落入了日军的控制中，中国最重要的军事运输补给线完全中断。

东南沿海补给线被切断，对中国战局十分不利。当时，抗日战争已经进入相持阶段。若想坚持抗战，除了要依靠中国军人英勇作战，及时补充物资和武器也至为重要。

中国的陆上运输通道原本有3条，除了东南沿海补给线外，西北方向，经兰州至新疆迪化（今乌鲁木齐）进入苏联；西南方向，经广西南宁到越南，或经云南昆明到缅甸腊戍，再到仰光。

西北线由于路途太远，始终没有发挥太大作用。国际援助全部依靠西南运输线向中国输送战略物资。为此，国民党当局特意在昆明成立了"西南运输处"负责相关运输事务。

南侨机工
战斗在滇缅公路上的赤诚卫国者

西南运输线上的滇缅公路是通向中国的大陆桥，一下子成了当时唯一的战略物资通道。

滇缅公路和缅甸的中央铁路连接，直通缅甸的仰光港。本来公路是为了抢运国际援助和从国外购买的物资而紧急修建的，但是在公路竣工后，不仅要负责抢运军事物资，还要运输工业生产原料和大后方人民的生活保障物品。

1937年11月，战火已烧到华东，国民政府连忙委托云南省政府修筑滇缅公路。滇缅公路穿越横断山脉、怒山、高黎贡山3座大山，跨过怒江、澜沧江、漾濞江3条大河，山高水急，坡陡路险，修建难度前所未有。

在机械化程度极低的80多年前，云南彝、白、傣、苗、汉等10多个民族的20余万民工，硬是通过肩挑手扛，用最原始的方式在短短8个月时间，将滇缅公路修建完成。当年英国《泰晤士报》连续3天报道了滇缅公路修通的情况，并称："只有中国人才能在这样短的时间内做到。"

80多年过去，今天，畹町南侨机工纪念馆中保存着的当时用巨石制成的"石碾压路机"，正默默地诉说着这段历史。

当时，青年男性大都上了前线，参加修路的，很多是老人、妇女和儿童。试想，在日军飞机随时可能冲到头顶轰炸的情况下，这些老弱妇幼拉着几吨重的石碾压路筑路，那是一种怎样的壮烈情景啊！

滇缅公路修筑完成，运输物资用的汽车也慢慢有了保障，更大的问题却随之而来——汽车司机和修理工严重匮乏。即便是马上着手培训，要想在路况极差的滇缅公路上熟练驾驶货车，没有半年也出不了师。

1938年年底，滞留在中缅边境遮放、芒市等地的货物已逾6000吨。为了解决司机和汽修人员缺乏的问题，西南运输处找到了陈嘉庚。

陈嘉庚是福建同安集美人，1890年下南洋闯世界。到1925年，他已经成为华侨中当之无愧的"橡胶大王"，业务辐射五大洲。陈嘉庚不但富有经营头脑，而且更富爱国心，更是南洋800万侨胞公认的领袖。

祖国不会忘记

陈嘉庚收到求助电报后，立即行动起来。很快，以陈嘉庚为首的南侨筹赈祖国难民总会，向全体华侨发出了招募汽车司机和修理工回国参战的紧急通告。

应征

南洋各大报纸刊登了南侨总会招募华侨机工的公告后，立即在华侨中掀起了一股回国抗日、报效祖国的热潮，短短10天就有上万华侨报名。

从公告内容看，招募条件还是很严格的。第一，要求机工熟悉驾驶技术，并持有当地政府发的驾驶执照。第二，要求是20~40岁之间的年轻人，并要通晓中国语言文字。第三，凡应征者，必须"知其确有爱国志愿方可"。

汤晓梅是云南省南洋华侨机工回国抗战历史研究会副会长，而她的父亲汤耀荣正是一名应召回国的南侨机工。

"看到一批批热血青年回国参加抗战，父亲再也坐不住了，他嘱托徒弟照顾好老人，悄然给祖母留下一封信，在自家门前跪拜之后含泪踏上了回国的征程。" 谈及父亲当年离家的情景，汤晓梅至今难忍心酸。

这一幕是多年以后汤晓梅听同为南侨机工的长辈说起的。父亲去世时汤晓梅只有1岁，对父亲并没有什么记忆，直到37岁调回昆明工作，才偶然得知了父亲南侨机工的身份。

汤耀荣是众多南侨机工的缩影。这些海外赤子，有的放弃了待遇优厚的工作回国；有的年龄不符，虚报岁数才得以成行；有的忍痛告别未婚妻而奔赴抗日疆场；有的已经结婚却毅然别妻离子报效祖国；有的因家长不同意，改名换姓瞒着家人参加机工队伍……

20世纪80年代，南侨机工蔡汉良经人介绍找到在华侨大学教书的林少川。当蔡汉良表示自己是应陈嘉庚号召回国抗战的南侨机工时，林少川有些吃惊。林少川想，他虽然教的是"华侨史"课，但是从未接触过南侨机工，对这段历史也所知其少。

蔡汉良成为林少川接触的第一位南侨机工。后来，在陈嘉庚侄子陈共存先生的支持下，林少川跑遍了西南几省，访问了许多南侨机工，留下了一批珍贵的口述历史资料。

1939年8月，泰国华侨蔡汉良看到招募机工的通告，觉得自己既会驾驶，又会修车，而且内心充满了报国热情，符合通告中的一切条件。因怕家人反对，蔡汉良赶到几百里外的筹赈总会报名。没想到，他中途撞见叔父的好朋友王联辉。为了挽留蔡汉良，王联辉甚至要将自己的女儿许配给他，并要将自己名下的16辆车送给蔡汉良，让他开一家客运公司。可这一切都无法阻挡蔡汉良报名回国的决心。他谢绝了王联辉的好意，毅然踏上回国之路。

刚刚结婚不久的刘瑞齐报名后，与同伴们一起剃了个光头。当妻子看到他的大光头时敏感地问："莫非你也想回国？"为了第二天能够顺利启程，刘瑞齐向妻子撒了谎，说剃光头只是为了方便敷药。当天夜里，刘瑞齐给妻子留下一封书信，悄悄上路。谁知道，这一别竟成永诀，他离开不久，妻子便忧虑成疾，没多久便离世了。

在南侨机工群体中，像汤耀荣、蔡汉良、刘瑞齐这样，瞒着家人不辞而别的例子比比皆是。最令人感叹的是，还有不少女性也参加到南侨机工的队伍中。

原在马来西亚槟城协和学校任教的女教师白雪娇，出生在一个商人家庭。她为了瞒过父母和家庭，特地化名施夏圭，临行前，她给父母亲写了一封告别信：

"家是我所恋的，双亲和弟妹是我所爱的，但破碎的祖国，更是我所怀念热爱的。所以虽然几次的犹疑踌躇，到底我是怀着悲伤的情绪，含着辛酸的眼泪踏上征途了。虽然我的力简直够不上沧海一粟，可是集天下的水滴汇成大洋。我希望我能在救亡的洪流中，竭我一滴之微力。"

后来，这封家书被刊登在马来亚《光华日报》上，鼓舞了许多爱国华侨。

在新加坡被誉为现代"花木兰"的李月美，女扮男装成功骗过考官眼睛，进入南侨机工队，和男子一样在滇缅公路上开汽车运输物资，几年过去，都没让人发现她的真实身份。直到有一天，李月美连人带车翻倒在路边重伤昏迷，驾车经过的南侨机工杨维铨救起了她，才发现李月美是女子。

正如当时《新华日报》所报道："**几乎每个人回国来参加抗战的经过，都是一段可歌可泣的史实！**"

1939年2月18日下午3时，第一批南侨机工服务团80人从新加坡乘船出发，返回祖国。临行那天，新加坡马六甲码头人山人海，连当时很多外国友人也来送行。人们将帽子抛向空中，场面热烈。由于送行的人太多，码头上的木桥都被挤塌了。

据《南侨机工回国抗日史》记载，1939年2月至10月间，南侨机工由马来西亚经越南回国的，共有9批2654人，由马来西亚经缅甸仰光回国的，共有6批538人，两路回国共15批3192人，奔赴抗战前线。另外还有人在其他各地服务，总共是3913人。他们当中，既有普通司机、修理工，也有富家子弟、工程师、大学生，等等。

国家有难，匹夫有责。

"**中华民族老祖宗的祖训对华人华侨有着根深蒂固的影响，在祖国危难之际，南侨机工毅然回国就是基于一种强烈的民族意识。**"汤晓梅说。

受训

南侨机工们辗转到了昆明，但是，和离开新加坡时热闹的欢送场面相反，在这里，他们并没有受到想象中英雄般的欢迎。他们步行到潘家湾训练所，准备接受西南运输处组织的运输专业训练。

潘家湾训练所原来是昆华师范学校，由于遭到日军轰炸，学校已经转移。

偌大的院落中，留下几座被炸过的楼房，破败不堪。日军突袭过的情形，让从未经历过战争的南侨机工们，第一次近距离感受到战争的残酷。

对于只有城市道路行驶经验的南侨机工来说，他们要在昆明接受严格的山地驾驶培训，而更重要的是，这里将是他们人生中一个崭新的起点，从平民成长为一名合格的驾驶兵。

训练科目分军事、政治和技术。南侨机工虽然大都是驾驶技术精湛的专业人士，但是云南多为山地，刚刚修通的滇缅公路路况奇差，与南洋的环境天差地别，进行一些山地行车训练是非常必要的。

南侨机工罗开瑚生前回忆说，训练是极为严格的，教官也是相当有经验的，车在山里最危险的地方训练掉头，3次掉不过来就不及格了。

根据机工们回忆，这些训练科目之中，防空知识最为实用，对他们后来在滇缅公路上抢运物资，起了非常大的作用，拯救了很多机工的生命。

训练虽然严格，但令机工们很难接受的是这里难以下咽的饭菜。

训练所教育长张炎元这样描述机工们的生活："早粥时间，没有旁的菜，只有腌菜、白萝卜之类，大家胃口都不坏，起码三大碗稀饭到肚。吃快些的，有吃上五六碗的，菜吃完了，只好啜白粥。"

不过，对于有些训练内容机工们就不那么认同了。到了训练所后，机工们穿上统一的军装，吃饭时一声哨响就得举筷猛吃，几分钟后哨子再次响起，没吃完的也得把筷子放下。见到长官要让道、立正、举手、注目、礼毕。每天早上出操1小时，立正、稍息、跑步、敬礼、卧倒……完全像训练新兵一样。

许多南侨机工自幼生长在南洋，不少人家境优越，习惯了自由自在的生活。刚一进入训练所，这种管理模式让他们很难适应。

其实不只是机工们不太理解，就连陈嘉庚本人也对这套军事化管理颇有微词。1940年秋，他回国考察期间，一次，一位曾在新加坡做医生的机工见到陈嘉庚等人立刻举手立正行礼。过了一会儿，见到别人到来，他又郑重其事地举手立正行礼。

当时，陈嘉庚便感到十分不自在："**此种繁文缛节，为在洋及回国后未曾见。延安无阶级固勿论，便是重庆及各省县亦未见过，岂西南运输处在昆明所特有者乎？**"

这样一来，初来乍到的机工表现出严重的水土不服，一方面不适应训练所的训练模式，另一方面与昆明当地军民也多有摩擦。闹得最凶的一次，是由于语言不通和买卖纠纷，机工们在云南有名的云津市场跟商贩和军警大打出手。

然而，这场个体之间的冲突，在日渐紧迫的战争面前，已经显得微不足道了。

浴血

日本防卫省研究所保存着一份 1940 年中国军力变化的情报数据，情报显示，经过两年的战争，中国军力反而比 1938 年大大增强，其中军队增加了 60 多个师，步枪增加到 150 万支，轻机枪 6 万多挺，其他火炮 2650 门。

这个数据令当时的日军参谋本部十分震惊，他们没想到中国补充力量如此强大，日本人发现这种巨大的补充力量来自中国西南的那条滇缅公路。

1940 年 2 月 8 日，南侨机工徐海星跟随车队抵达了滇缅公路的起点云南省昆明市，而这一天正是农历春节。对于 20 岁的徐海星来说，上一个春节，他告别了南洋和亲人，如今他回到中国已经整整一年了。

经过两个月不太和谐的训练，徐海星和一同回国的南侨机工终于要上路了，摆在他们面前的是一条无比艰险的道路——滇缅公路。

滇缅公路东起云南昆明，西经畹町，直通缅甸境内的腊戍公路线，全长 1146 公里。虽然公路通车了，但还是显得非常简陋，路面基本上是用碎石铺就，经常塌方。

后来，滇缅公路管理局局长谭伯英在《血路》一书中写道："道路狭窄难行，弯多陡峭，雨季时路滑难行，随时有翻车的危险。"谭伯英甚至直言不讳地说，滇缅公路根本算不上是一条公路，充其量只能算马路，而事实上连骡马也不愿意走。

20世纪80年代，南侨机工李荣竹也回忆，车队盘旋上山，一边是600多米深的峡谷，一边是海拔3000多米高的高山，坡度在30度以上的路段就有十几处，一不小心就会落入万丈深渊，车毁人亡的惨剧随时都会发生。

南侨机工被分为17个大队，他们驾驶着3000多辆大卡车，日夜兼程地行驶在这条连骡马也不愿意走的路上。

车队装上货物从缅甸腊戍出发，开往终点云南昆明，全程一般要走6天以上。司机们白天开车，晚上在驾驶室里睡觉。由于他们大多开的是道奇汽车，所以许多机工幽默地称之为"道奇旅馆"。

在滇缅公路上行驶困难重重。

为了避免翻车，机工们想了许多办法。如果上下陡坡又遇到急转弯的窄路，他们就在急转弯的地方铺一块木板，前轮开过之后，后面靠外的轮子正好可以从木板上轧过，这样就可以避免后轮悬空而翻入山谷了。

即便想尽办法，翻车事故还是不断发生。据统计，仅1939年4月至11月间，因车辆故障、山路崎岖、雨天路滑发生的翻车事故就有24起。华侨机工殉职情况表上，"事故原因"一栏经常会出现"覆车"二字。

1940年夏，南侨机工林树容接到一项特殊的任务——将一位牺牲机工的遗体运回队部，此人正是与林树容同一批回国服务的新加坡机工吴世光。

傍晚时分，林树容来到吴世光翻车的事故现场。吴世光的遗体已经被人从山谷中吊上来停放在路旁。只有21岁的林树容在南洋从没接触过死人，现在让他独自一个人去运尸体，他心里未免有点胆怯。可是，当他看到吴世光的遗体，想起平时的情谊，一下子忘记了害怕。他用毛毯把遗体包裹好，抬

祖国不会忘记

上卡车。偏巧路上车子又抛锚了。三更半夜,林树容一个人被困在车中,一边是悬崖绝壁,一边是万丈深渊,他害怕极了。他暗自祷告战友的英灵为自己壮胆……

在滇缅公路上,南侨机工不仅要面对车祸的危险,还要面对另一个无形杀手——疟疾。云南山区自古就流传着一句俗语:"要过瘴疟坝,先把老婆嫁。"在当时缺医少药的情况下,如果得了疟疾几乎可以说是九死一生。

机工许志光曾这样回忆,他被"疟疾蚊"叮咬患上"打摆子",发冷时即便盖上重被、裹着毛毯也无济于事。幸亏机工战友献出印尼筹赈会送来的"金鸡纳霜",才转危为安。

据统计,仅 1940 年在腊戌医院就医的南侨机工就达百人以上。南侨总会特派员刘牡丹在报告中写道:"**机工、司机,患恶性疟疾者比比皆是,在是处服务之华侨机工皆现面色清瘦,鸠形鹄脸,体格健康损失过半。**"

由于南侨机工开车技术好,滇缅公路上特别难走的路段都是由南侨机工来承担运输任务,他们也因此被誉为抗战运输线上的"神行太保"。

1939 年至 1942 年,南侨机工运送了 10 万中国远征军入缅作战,抢运了 50 万吨军需物资、15000 多辆汽车,还有更多无法统计的其他物资及用品。抗战中中国军队的物资和装备几乎有一半是通过滇缅公路运进来的,而运输这些物资的汽车,主要是由南侨机工驾驶的。

1940 年日军占领越南后,成立了"滇缅公路切断委员会"。从河内出发的轰炸机,2 小时就可以到达昆明上空。一场针对中国"抗战生命线"的大轰炸开始了。本是大后方的西南地区,一下变成中日交锋的战场。而道路上疾驰的南侨机工,正置身于这场战火的最前沿。

"每天都是危险的,没有什么正常的时候。每天晚上睡觉,早上一起来出发,都是危险的。"

危险,这是南侨机工黄铁魂回忆抗战岁月唯一能够想到的字眼。

1939年，21岁的黄铁魂本是天不怕地不怕的年龄，但是这段运输的经历，令他担惊受怕，因为当时他们的头上，几乎每天都有成群结队的日军轰炸机呼啸而过。

从1940年10月起，在不到6个月的时间里，日军共出动飞机400多架次，对滇缅公路进行狂轰滥炸。

白天遇到敌机轰炸，机工们利用地形将货车隐藏起来，夜里再关着灯摸黑行驶。

"那时，中国根本没有飞机，只有高射炮在响，响也打不到一架，根本不管用。敌机一来，车子无处可躲，一辆接一辆就被炸飞了。"南侨机工林广怀在生前这样回忆。

究竟有多少南侨机工在日军轰炸中死去，至今没人能说出准确的数字。但是，在滇缅公路牺牲的1000多名机工中，死于轰炸是最为主要的原因。

1941年1月27日的《新华日报》这样报道："敌机狂炸，愈趋愈烈，但华侨司机们并不因此而气馁，他们自动踊跃地参加华侨义勇抢运大队，在敌机翼下，拼命地为祖国抢运抗战物资，前仆后继，以加紧运输，来为死难的同伴复仇。"

整个滇缅路的运输，就依靠这些抗战英雄的壮烈牺牲来维持。

1941年1月，日军轰炸机炸断了滇缅公路上重要的交通要冲——功果桥。为此，东京电台得意地宣称："滇缅公路已断，3个月内无通车希望。"

当时，运载物资从保山返回下关的王亚六刚好目睹了这个场面。功果桥的铁索桥和吊板被炸成两截，桥两边好几百辆车子无法通行，堵得水泄不通。为了尽快抢通功果桥，机工们纷纷出谋划策。他们根据浮力原理，将几百只空汽油桶用铁链连起来，然后铺上木板，一座长达300米的临时浮桥做成。

功果桥被炸断10小时后，堵在桥两岸的大货车通过浮桥安然驶过。

祖国不会忘记

困境

滇缅公路上空的日本军机时刻威胁着华侨机工们，但就像前文所记述的，可能夺去机工们生命的，还有这里恶劣的环境。

1939年3月，擅长驾驶的新加坡华侨银行职员吴再春辞别父母妻子，跟随第3批南侨机工队回国效力。没想到，仅仅4个月后，吴再春竟然被冻死在自己的驾驶室里。

据西南运输处等部门为吴再春竖立的纪念碑碑文记载，1939年7月16日，吴再春行驶到龙陵附近，汽车抛锚。这时天降大雨，气温骤降。吴再春怕车上物资丢失，寸步不离自己的汽车。直到战友路过才发现，衣着单薄的吴再春已经牺牲了。

南侨机工回国不到3个月，就发生这种恶性事件，简直骇人听闻。其实，自从第1批机工回国，"机工苦寒"就一直是南洋社会关注的问题。

在招募协定中明确规定，南洋总会负责机工的招募和路费，而西南运输处则要负责机工的"衣食住医"等。陈嘉庚在招募公告中特意提道："**南洋地居热带，衣服简单，庚以政府既有充分供给，遂亦未为机工置办棉衣。**"

可是，当机工们到昆明训练所时却发现，西南运输处根本没为他们准备棉衣。1939年3月15日，槟城机工致函槟城筹赈分会，请求侨胞为他们捐赠可以御寒的棉衣和军毯，并颇可怜地表明："物虽稍残破即可，只求有衣可以御寒。"

此后，南洋各地筹赈会纷纷接到机工们的求助信。很快，机工缺少棉衣挨冻受寒的消息就传到陈嘉庚耳中。4月底，他致函西南运输处，希望尽快解决昆明数千机工受冻的问题。

运输人员训练所所长张炎元矢口否认。他回信说，机工们在昆明得到政府的厚待，政府"能办到无不勉励"，倒是机工中"为非不逞之徒，故意淆乱分子，张大其词"。

对于张炎元的回信，陈嘉庚起初深信不疑。他认为，"机工程度不同，不可尽信"。当时，机工招募还在进行中，为了不影响招募工作，他将这件事压了下来。

直到发生吴再春被冻死的恶性事件，陈嘉庚才感到事态严重。8月，他派刘牡丹偕同两位《南洋日报》的记者到国内考察机工真实的生存状况。

刘牡丹一行人从缅甸仰光出发，沿着滇缅公路一路向昆明进发。南侨机工们所处的艰难困境时刻震撼着他们。

一个月后，刘牡丹在给陈嘉庚的报告中写道："（南洋机工）大半受寒冻，疾病且有死者，医院缺乏，缺乏宿舍，秽恶无人清理，卡车晚间不如宿民家，车坏无修具随车，荒山僻野，困守数日觅修无门。"

陈嘉庚看到刘牡丹的报告后心急如焚，立刻动员南洋华侨社会为机工们购买药品、胶鞋、棉衣和蚊帐。但是几个月后当他亲自到滇缅线考察时，发现这些物资大部分都没送到机工手中。

1940年3月，陈嘉庚决定亲自去国内慰劳南侨机工。陪同他一起回国慰劳的庄明理回忆，在滇缅公路上，每次遇到道路转弯太急，路面太狭窄，或是凹凸不平之处，陈嘉庚都会下车查看，并一一记录下来。他还跟两位随行的工程师商议，全路应设七八个中途休息站，并在各休息站建立宿舍、食堂、停车场和修理站。

一行人经过一个小镇，听说一位机工被运输处关在"黑房"中已有3日。陈嘉庚亲自去探望，只见这位机工只穿了一件单衣，禁闭室内没有被褥，他只能睡在地板上。

陪同陈嘉庚一同考察的庄明理回忆，见此情景，陈嘉庚不禁落泪，立即拿出50元给这名机工买衣服。陈嘉庚感慨地说："我号召人家回国服务，想不到有此令人痛心的事。"

多年以后，蔡汉良告诉林少川，他曾被保山第二大队推选为代表当面向

祖国不会忘记

陈嘉庚汇报情况。蔡汉良告诉陈嘉庚，南侨总会向每个华侨机工赠送的蚊帐、毛毯、工作服等9件物品，被国民党贪官污吏克扣了，最后送到机工手上的只有两三件小东西，有的机工甚至一件东西也没领到。

到重庆后，陈嘉庚对国民党的腐败有了更直观的认识。面对大大小小的宴会，陈嘉庚阵阵心寒，他当即在重庆各大报纸上刊登声明：

"在此抗战中艰难困苦时期，望政府及民众实践节约，切勿消耗物力；且当抗战困难时期，尤当极力节省无谓应酬，免致多延日子，阻碍工作！"

然而，国民党腐败政府怎能听进陈嘉庚的良言，在访问延安后，他和国民党从此分道扬镳了。

遣散

认识妻子那年，华侨机工翁家贵26岁，整日命悬一线地奔波在滇缅公路上，爱情是一种奢望，但最终还是降临在他身上。

1939年，翁家贵从马来西亚吉隆坡回国后，被编入西南运输处14大队补充中队，驻扎在云南保山，而他们隔壁，16岁的罗春芳暗暗喜欢上了这个阳光勤快的南洋小伙子。

1942年5月3日，在保山鸿运楼，南侨机工翁家贵与保山姑娘罗春芳举行了简朴的婚礼，几名南侨机工和新娘的同学范永华是他们婚姻的见证人。

婚礼的第二天，翁家贵带着新婚妻子离开保山，前往大理，与机工战友庆贺。小两口新婚的喜悦之情还没来得及消散，宝山那边就出了情况。日本飞机炸过来了。

这是保山历史上最大的惨剧。

南侨机工
战斗在滇缅公路上的赤诚卫国者

1942年5月4日，日军对保山实施轰炸，保山城90%的民房被毁，上万名平民死伤，其中就有翁家贵和罗春芳这对新人的伴娘范永华。

1941年12月7日，日军偷袭美国在太平洋上的海军基地珍珠港，太平洋战争全面爆发。此后的半年，国际战局急转直下。

保山大轰炸的第二天，为了阻止日军前进的脚步，中国守军炸断怒江天险惠通桥，滇缅公路彻底中断，随车队从畹町撤往昆明的郑天赐和同伴见证了这惨烈的一幕。

1942年5月5日上午，郑天赐一行从腊勐盘旋下山，临近惠通桥时，要炸桥阻敌的消息已经传开了。大家争相超车，有时几辆车挤在一起，进退两难。惠通桥上人拥车挤，走走停停。

9时，听说日军攻占了腊勐，要过桥的人流和车辆更是疯狂地往前挤。此时，一辆大车被日军炮弹击中，在路中间燃烧起来，通往惠通桥的公路更加拥堵了。

郑天赐的车子在惠通桥以西几百米的地方停下，寸步难行。他看到桥头有两名中国士兵正一边往桥板上摆炸弹，一边调试手摇发电机接线，准备随时引爆。一名守桥士兵手持小旗，催促过桥的人们赶紧往桥对岸跑。

就在难民们疯狂地往桥上狂奔时，混在人流和车流中的日军便衣向人群中开枪。终于到了生死时刻，虽然中国军队想让尽量多的难民通过惠通桥，但是面对汹涌而来的日军，他们只得选择炸桥。

"轰隆"一声巨响，整座惠通桥坠入江中，桥上的汽车、难民全都掉入滚滚奔流的怒江之中。那一天，有多少人葬身怒江没人知道。

尚未来得及上桥的郑天赐和同伴目睹了这幕惨剧，他们顾不上悲痛，连忙离开驾驶室躲进了山林。

天黑以后，郑天赐和同伴趁夜色溜到自己的卡车旁边。他们撬下汽车轮胎，3人合抱着一只"救生圈"跳入怒江。怒江水流湍急，冰冷刺骨，水下还有无数激流漩涡。3个机工冻得浑身发抖，在江中漂了近1小时才上岸。

祖国不会忘记

像郑天赐这样逃出虎口的毕竟是少数,更多没来得及过桥的南侨机工与无数中缅难民一起惨死在日军的屠刀下。

桥炸了,路没了,南侨机工在战火连天的乱世中失业了。

然而,从惠通桥生死线上逃回昆明的南侨机工,并没有得到国民党当局的优待。经过几年炮火的洗礼,3000多名南侨机工中,牺牲和失踪者超过千人,被分配到黔、贵、川等地继续工作的二三百人,被盟军招募到印度抢运援华物资的200多人,其他人大部分滞留在昆明。此时,国民党交通运输局竟然要遣散南侨机工。

南侨机工在云南举目无亲,又无法返回故乡,一时间面临流离失所的境地。在南侨总会的抗争下,交通运输局在昆明石堂山为机工们开设了一个"汽车驾驶人员整训所"。

整训所里的日子分外难熬。机工们每天早上跑步,下午出操,不发工资,也不发零用钱。吃的是不见油水的"老妈妈汤",住的是茅屋陋室。许多机工忍受不了这种苛刻的待遇,陆续离开,自谋生路。有的漂泊到滇西一带做小买卖,有的当杂役小工,还有一些人沦为乞丐沿街乞讨。

1942年12月15日的《新华日报》写道:

"直到现在漂泊在云南等省的华侨机工,也还有不少,他们始而倾囊以食,继而典卖衣物,以求一饱。现在已是手持侨胞登记证沿门乞食了!他们在不愿为而不得不为乞食时,感受了最深切的痛苦……大家听到归国侨胞的这种凄惨悲愤的景象,除了同情,除了呼吁解决,还有什么可说的呢?"

南侨机工们的悲惨处境引起了南洋华侨社会的关注。1943年12月,南洋侨领侯西反发起了"云南华侨互助会"。互助会成立后,753名失业机工和眷属衣食有了着落,被现实打击得冰冷的心,终于又得到些许温暖。

回家

云南畹町,位于中缅边境,在傣语里,"畹町"是太阳当顶的地方。叶晓东在这座仅有2万人的小城已经生活了76年,他的母亲是傣族,而父亲则始终是一个"谜"。

经常有人向叶晓东问起他父亲的事,遗骨在哪里、埋在哪里?他也想去看一看,结果一直也没有找到。

叶晓东已记不清是第几次出发,去寻找那个在70多年前就已经死去的人。15岁时,他知道自己的父亲是一位南侨机工,40岁时他开始寻找父亲的踪迹。30多年寻找,那个逝去的人,却依然尸骨无存。

多次的寻找一直没有结果。山谷空旷静谧,只有山风轻轻吹过。没有人能想象,70多年前,这里曾上演过怎样的杀戮。

1942年5月5日,滇缅公路连接怒江两岸的惠通桥被炸毁后,陈晓东的父亲陈团圆和一些南侨机工被阻隔在怒江以西的敌占区。此时,陈团圆已经和傣族姑娘朗玉宝结了婚,还有了晓东这个刚刚出生的儿子。陈团圆东躲西藏后,还是被日军抓获并活埋。朗玉宝带着儿子四处躲藏,走投无路只能重新嫁人,叶晓东也随继父改姓叶。

几十年的寻找,几十年的祭拜,没有坟墓,没有照片,叶晓东只能对着空空的相框凝视。

3200名南侨机工中,有一半死于战火,他们有很多人被草草掩埋在滇缅公路上,由于当时没有立碑,后人再难寻找他们的坟墓。

1945年8月10日深夜,日本政府发出《请降照会》的电讯传到昆明。昆明各大报纸连夜用特大字号印发"号外",在街头免费散发。昆明城沸腾了。市民们争相传阅,奔走相告,胜利的消息瞬间传遍全城。

祖国不会忘记

在抗战第一线幸存下来的南侨机工们喜上眉梢，他们终于可以回到阔别6年的南洋，与父母妻子团聚了。然而，机工们很快发现，现实并不像他们想象的那么简单。

有鉴于国民政府曾经有过"遣散机工"的恶政，抗战刚一胜利，南侨总会常驻滇缅公路代表庄明理就向国民政府提出了8项要求，其中包括办理南侨机工总登记，发放奖金，发放服务证明书，与英国政府研究机工南返手续等。

国民政府侨务部门、交通部、救济善后总署等部门研究后，一致认为南侨总会提的要求极为合理，然而直到1945年年底，他们也没拿出具体实施方案。盼望与家人团聚的南侨机工心急如焚。

事实上，国民政府根本没心思管机工复员的事。此时，他们已经单方面撕毁了"双十协定"，正忙着调兵遣将准备围剿共产党。

1946年1月，南侨机工的登记工作总算开始了。据统计，共有1100名南侨机工登记，其中90%来自马来西亚（包括新加坡）。

有研究者认为，战后国际形势的变化也是阻碍南侨机工返回故乡的一个因素。战后，英法等国企图在东南亚重建战前的殖民体系。因此，东南亚各国都对移民入境加以限制，其中马来西亚的入境政策最为苛刻。

经过南侨总会和华侨互助会的努力，1946年秋，拖延了一年多的机工复员问题，终于见到了曙光。国民政府侨务委员会发出通告，根据机工登记名册，行政院核准发给每位机工200美元奖金和一张奖状。

20世纪80年代，南侨机工蔡汉良仍然收藏着这张奖状。奖状上写着：

"华侨机工蔡汉良，热心爱国，敌忾同仇，抗战军兴，应募服务，前后七载，备至勤劳，应予嘉奖，此状。"

这不但是他身份的证明，也是祖国对他抛家舍业、投身抗战的认可。

南侨机工
战斗在滇缅公路上的赤诚卫国者

1946年10月28日,第一批421名机工终于登上了从昆明西站开往广州的列车。昆明的老百姓对南侨机工抱有深深的谢意,各界人士在昆明西站举行了盛大的欢送大会。前来送行的人们挤满了车站,大会向每一位荣归的南侨机工赠送了一枚"南侨机工复员纪念章"。

荣归的机工们从广州转道香港,再前往南洋各地。11月24日,悬挂"中华民族之光""国之干城""胜利荣归"等横幅和彩旗的丰庆轮缓缓驶出香港码头。

然而,许多机工的亲人却没能等到这一天。1942年,马来西亚沦陷后,南侨机工的亲属被日军视为"敌侨",遭到残酷杀戮。

南侨机工难忘他们抛洒了青春和热血的红土高原。回到马来西亚后,机工李亚留买了辆小巴士跑生意,车子取名为"昆明"。另一位南侨机工给两个女儿起名为"昆明""大理"。

当年,3200多名南侨机工回到祖国,加入抗日战争的洪流当中。而今,返回南洋的只有1/3。除了1000多名机工牺牲外,还有1000多人因为各种原因留在了祖国。

第3批复员的蔡汉良本打算返回南洋,刚到香港就接到了母亲病危的急电,于是从香港转道厦门回到了福建南安老家,并从此定居国内。

已经娶妻生子的翁家贵,本已经买好船票,打算带着妻儿回马来西亚。可是临走前一天,他的妻子罗春芳却说:"我父母、弟弟都在云南,我不走了,你一个人走吧。"翁家贵只好退掉船票,跟妻子留在了云南保山老家。

滇缅公路断绝后,被盟军招募到印度运送援华物资的黄铁魂,战后当了海员。他走过世界上许多地方,漂泊许久后才回到马来西亚……

回国抗战的经历改变了几乎所有南侨机工的人生。因为当初的选择,他们有的与父母、妻儿从此永诀;有的放弃遗产一生潦倒;有的背负政治污名,在"文革"中饱受摧残,但是南侨机工们表示,对回国参加抗战此生无悔。

壮烈英雄事,青史永留名。人们从未忘记南侨机工的英勇事迹。

祖国不会忘记

2005年，云南省德宏傣族景颇族自治州人民政府在滇缅公路中国段终点畹町，建成"南洋华侨机工回国抗战纪念碑"，上面刻着3200名南侨机工的名字，纪念碑直指苍天，气势雄伟，俯瞰着滇缅公路。

至此，这已是世界上第4座南侨机工纪念碑。

1947年，第1座南侨机工纪念碑在马来西亚首都吉隆坡市中心竖立；1951年，马来西亚槟城建起第2座南侨机工纪念碑。

1989年7月7日，在卢沟桥事变52年之后，中国第1座南侨机工纪念碑在滇缅公路的起点云南昆明落成，纪念碑碑高9米，大理石贴面，碑座的正面刻着"赤子功勋"。

2014年9月，"南洋华侨机工回国抗日纪念馆"在畹町建成，这是我国首座以南洋机工回国抗日为主题的纪念馆。

2018年5月，"南侨机工档案"成功入选《世界记忆工程亚太地区名录》，南侨机工的民族大义、爱国精神成为世界记忆。

……

国家兴亡，匹夫有责。

在祖国危难之际，南侨机工选择坚定地与祖国站在一起。他们为祖国付出的血与泪，值得每一个中华儿女永远铭记。

音乐欣赏

《乡恋》

泰国谢氏
"正大"无私的奉献之路

中国改革开放和经济特区建设取得的历史性成就,同大批情系乡梓、心系祖国的华侨是分不开的。

激荡四十年,一个引领风潮的名字——泰国正大集团,时常会被提及。

20世纪中叶,潮汕籍爱国华侨谢易初远赴曼谷谋生,几经打拼后,谢氏家族创办了泰国"卜蜂集团"。

40多年前,中国推行改革开放政策,卜蜂集团率先进入中国,成立正大集团,成为第一批来华投资的外商,也是几十年来对华投资最多的外商之一。

在福布斯发布的2020年泰国富豪榜中,正大集团谢氏四兄弟凭借273亿美元的净资产蝉联榜首。

有意思的是,正大集团这四兄弟的名字连起来,正是"正大中国"几个字。1990年,邓小平接见正大集团主席谢国民时曾经说过:"你们弟兄几个的名字起得很好,连起来就是'正大中国',这说明你们很爱国啊!"

一番话,道出了谢氏家族难以割舍的故土情结。如今,正大集团在中国设立企业300多家,遍及每一个省级行政区,在华员工人数超过8万。

"正大""中国"两个关键词,早已注定正大集团与中国命运与共的情缘。

祖国不会忘记

八块银圆闯南洋

1896年11月22日,谢易初出生于广东省澄海县外砂区港中乡一个农民家庭。谢易初兄弟3人,他是老大,二弟谢少飞,三弟谢少白。

小时候,谢易初学习十分刻苦努力,但由于家境贫困没上几年就早早辍学在家,帮助家人干起了农活。渐渐地,他在少年时代就对农艺产生兴趣,曾多次进行培育草菇的试验,被乡亲称为"草菇佬"。

谢易初原名"进乾",为了立志摆脱贫困和有一番作为,遂改名为"易初"。

1922年8月2日,潮汕一带发生了一场特大的自然灾害"八二风灾"(俗称"海风潮")。死伤人数达8万余之多,惨不忍睹!

在这场特大的自然灾害中,濒临大海的澄海县首当其冲,海风潮为害最烈。望着被飓风摧毁得面目全非的家园,26岁的谢易初决定踏上父辈未尽的足迹,下南洋谋求生路。

这年冬天,谢易初带着东拼西凑到的8块银圆,登上一艘"红头船"远赴暹罗谋生,开始艰苦创业的海外生涯。

自古以来,"红头船"是潮州商人的象征。据史料记载,1684年,清政府海禁终结,所有的船要编号并船头涂色区分:苏州黑色、浙江白色、福建绿色、潮州红色。潮商因此又得名"红头船"。近代以来,无数潮人乘坐"红头船"漂洋过海,以无畏的勇气、图强的精神、勤劳的品质赢得了"红头船商人"的美誉,创造出独特的奋斗传奇。

初到泰国,谢易初只是替人打工维持生计。后来,在友人的帮助下,谢易初才在曼谷嵩越路琼南利炭廊巷口盘下了一间仅为20平方米的小店,出售家乡的菜籽。店名叫"正大庄",蕴含"正大中国,振兴实业"之意,显露出他强烈的爱国心和不同凡响的抱负。这也是谢易初首创正大庄的由来。

小店开业不到10天,所有优质的各类菜籽便销售一空,而质量中下乘的各类菜籽则长期滞销积压。这给了谢易初以很大的启示:在商品市场上,必须保证货物的高质量,生意才会兴隆起来。于是,他把店内滞销的存货全部清掉,重新组织各种名优菜籽上市,因而生意越做越好,业务蒸蒸日上。这是曼谷这所社会商业大学校给谢易初上的第一课,也是正大庄第一条商业基本经验。

1924年冬,谢易初返回潮汕,备办大批优良种子到曼谷。忙不过来的谢易初还招来了家人及族人,帮助他照看店铺,自己则去泰国各地调查种子的销售市场。他还灵机一动开辟了一块样板田,客户来选购种子时,谢易初就把他们带到样板田里。如此看得见、摸得着的种子销售,新鲜、务实,大受欢迎。

不多久,谢易初就把正大庄迁至泰京越阁米街尾,经营种子批发兼零售业务。这家老店是卜蜂集团的发祥地,也是形成正大家族资本的摇篮。

缔造农牧企业王国

经过一番苦心经营,谢易初终于完成了父亲心愿,在南洋闯出了生路,发了财。但好景不长。1941年12月,日军开进曼谷,蒸蒸日上的正大庄只好关门停业。

时隔4年之久,已经49岁的谢易初又回到了曼谷,回到了凝聚他毕生心血的正大庄。但此时正大的财产已经无处寻觅,20年的血汗犹如"竹篮打水一场空",他心如刀绞,却欲哭无泪,仿佛痛失自己的孩子般伤心。

"二战"之后,泰国经济面临复苏。谢易初瞅准了时机,决定重新开始。这一次,令他东山再起的是鸭毛出口生意。两年后,正大庄重获新生。

1948年,谢易初将步入正轨的正大庄交给弟弟谢少飞管理,自己则重返故乡,筹划完成计划多年的事业——创办颇具规模的选种农场。

回国一年后,谢易初便在家乡租地建农场,并在汕头市创办光大行。他亲手培植的无籽西瓜还曾专送到北京,赢得毛主席、周总理的高度赞扬。

视野开阔的谢易初又在泰国南部和马来西亚开设了分店,并在气候与华

祖国不会忘记

南十分接近的泰国清迈购买土地，开办了正大蔬菜培植实验农场。从菜籽销售公司到种植、改良、经销蔬菜良种的经济联合体，今日的正大集团已初现雏形。

新中国成立后，谢易初先后担任国营澄海农场技术员、副厂长、县侨联主席、省政府委员、全国侨联委员等职。

谢易初一生矢志热爱祖国，所以他用"正大中国"四字，为其4个儿子命名：老大叫"正民"，老二叫"大民"，老三叫"中民"，老四叫"国民"。足见他对祖国之感情真挚，并对下一代寄予厚望。

1953年，在家乡读完中学的谢正民、谢大民回到曼谷，协助叔叔谢少飞打理正大庄的事务。两个侄儿的加盟，让正大庄如虎添翼，逐步成为曼谷有名的农牧商行。

一段时间后，谢正民和谢大民提议说，泰国是一个农业大国，正大应该大规模地全面发展，成立一个农牧企业集团，经营多年的叔叔谢少飞对此深有同感。

这一年，在与正大庄一街之隔的正大3层总部小楼里，阳光透过古朴的窗户，照在叔侄3人的脸上，他们拍板做出了一个影响世界经济的决定：成立一家集团公司，取名为"Charoen Pokphand Group"，简称"卜蜂集团"。

很快，"卜蜂集团"就发展成为一家以经营菜籽、肥料、农药、饲料等多种农牧产品为主的中型企业。此后他们向东南亚和欧美拓展市场时，就一直沿用"卜蜂"这一名号，只有在中国才被称为"正大集团"。

商海波澜，正大集团这艘"企业巨轮"早已不是当年风雨中摇曳的"红头船"，从20世纪60年代起，正大集团开始向跨国公司发展。

1960年，正大在香港创办了正大贸易进出口公司。

1969年，正大饲料公司、正大渔业公司相继在印度尼西亚诞生。此后，正大集团逐步迈开向农、牧、工、商方向高速发展的步伐，仅在泰国就建有

50 多家饲料分公司，**销售份额占据了泰国国内饲料市场的绝大部分**。

早在 1987 年，正大集团就跻身世界 500 强的行列，成为泰国最具规模和国际影响的跨国大公司，谢家也逐渐成为泰国首富家族。

上阵父子兵

曼谷唐人街，是个"不会说泰国话没有大碍，但不会说潮州话反而影响生意"的地方。

1939 年，谢国民在曼谷出生。

就在谢国民 11 岁时，谢易初响应"海外华侨回乡建设祖国"的呼吁，把他送到汕头和香港读书。谢国民 18 岁回到泰国时，正大庄已变成了"正大集团"。

年轻的谢国民，被父亲告诫要"从基层干起"。谢国民干过开门、打烊、擦桌子的杂活，也担任过活猪出口装船、运送的搬运工，后来去了与政府合营的禽蛋出口合作社。在这些地方，他学到不少生意经。

25 岁时，摸爬滚打之后的谢国民回到正大集团，接过饲料业务。当时的正大集团拥有了 200 名员工，已经是泰国最大的饲料企业。

他回忆说："父亲看我喜欢养鸡，说让我来管这个事业，应该不错。"对于选择自己接班的原因，谢国民开过这样的玩笑。

实际上谢国民知道，父亲看上他的，归根到底是 4 个字：**胆大心细**。

1968 年，谢易初经过反复考虑，决定将集团的大权移交给 29 岁的小儿子谢国民。

谢国民没有辜负父亲的信任，很快显示出一种成熟且有战略眼光的企业家特质。他说：**"以世界的原料为原料，以世界的市场为市场。这样，企业才能在更大的空间生根、开花、结果。"**

接手正大集团之后，年轻的谢国民做了两件大事。

祖国不会忘记

第一，将资本和经营分开。

谢国民从外面邀请专业人才替代家族经营，让家族成员成为股东安心收钱。

这在当时那个年代人的思维中，是难能可贵的。然而，谢氏家族很快就达成了共识，解决了这个至今困扰国内大批"二代接班"企业的难题，使得这次"釜底抽薪"的交接得以顺利进行。**国内外先进的人才的引进、明晰的权责和管理机制，这一模式及其带来的正面效应，成为正大集团日后得以平稳运行的根基。**

第二，开拓新领域，走向国际。

因为兄弟的一句"你应该到美国去看看"，谢国民开启了与国外领先公司的合作。

在参观了美国最大鸡种企业爱拔益加（Arbor Acres）之后，谢国民瞄准家禽养殖作为正大集团发展的新领域，成为日后由菜籽—种植业—饲料业—养殖业—农牧产品加工、食品销售、进出口贸易产业链的关键一环。

在主导了泰国"从农田到餐桌"后，正大集团又成为"改变日本餐桌的企业"。

"如果食品袋背面印有黄色圆圈，圈里印有红色 CP 字样，就是我们卜蜂集团参与生产的商品。"目前，世界 100 多个国家的货架上都能见到正大集团销售的产品。

全球销售市场还不够。"把世界的市场当作我们的市场，把世界的原料当作我们的原料，把世界的人才当作我们的人才。"60 年代，谢国民把正大集团定义为世界企业，跨国公司之路正式开启。

随后，东南亚、中国（包括港澳台）、美国、欧洲，谢国民把正大的旗子插遍了全球。

现如今，正大集团是世界上最大的饲料生产及养殖企业之一。集团主要以农牧业、零售业、电信业为核心，同时涉足金融、房地产、生物制药等10余个行业，业务遍及20多个国家，共有员工30多万人，年销售额超过400亿美元。

"有潮水的地方就有潮商""有市场的地方就有潮汕人"，从当年的"正大庄"到"正大集团"，谢氏家族走过了百年创业路，创造了一个又一个传奇。他们用奋斗绘就出一幅世界性的商业图腾，无愧"东方犹太人"之美誉！

"我欲去汕头！"

20世纪50年代后期，谢易初被扣上"资本家"的帽子，国内汕头老家的产业被没收。

尽管如此，谢易初总是一直告诫孩子们，中国的经济一定会开放。

20年后，这一天终于来了。

1978年，改革开放的大幕徐徐拉开，安徽省凤阳县小岗村率先开始实行包产到户，"承包"二字成为时代热词。

党的十一届三中全会以后，担任香港正大国际投资有限公司董事主席的谢易初在海外听到祖国实行改革开放的政策，内心十分高兴。他说："改革开放，将会给祖国带来活力，给人民带来实惠。"

此后，他经常往来曼谷和广州两地。每次一到广州，谢易初来不及歇息就迫不及待地跑到蚁美厚、吴南生、许王杰等家中，说是看望老朋友，但话题总是离不开祖国改革开放的信息和国内投资的条件、项目。

懂他的人都知道，与其说谢易初想回国投资，不如说他骨子里有一种中国人"叶落归根"的执念。

家乡的一切总是那么牵动着谢易初的心。有一次，他在香港得知澄海县在筹建华侨医院的消息，他主动联系并捐赠130万港元给该院，盖了一座3层住院部。

祖国不会忘记

尽管当时公司需要大批现款用于进货,谢易初还是决定急家乡公益事业之所急,暂时牺牲部分商业的利益,很快从香港汇款到澄海华侨医院筹建处。谢易初的速捷汇款,犹如及时雨,使澄海华侨医院住院部得以早日破土动工,造福家乡病黎。

1980年,已是84岁高龄的谢易初依然主持正大卜蜂集团新加坡分公司的业务,虽然平时公务非常繁忙,但他还是利用业余时间培育高产优质无籽葡萄献给祖国。

为此,他一有空就到葡萄园里研究嫁接新品种。一个星期天的清早,谢易初又来到葡萄园进行修修剪剪,一连站了3个多小时,由于双脚乏力,不幸跌倒摔伤,昏迷过去,而手里还紧紧捏着一条葡萄藤……当谢易初的神志稍为清醒后,第一句话就吩咐亲人:"要育好良种,派人献给祖国。"

从此,谢易初患上了半身不遂之症,每当子女来到床头看望时,谢易初总是要问起国内改革开放的进展情况,鼓励子女多到中国投资,为家乡公益事业多做贡献。

1983年2月初,谢易初病情加重,生命垂危,他在弥留之际以微弱、低沉的声音反复告诉守护在旁的子女:"我欲去汕头!""我欲去汕头!"

不几日,谢易初在曼谷蓬密医院溘然长逝,终年87岁。谢易初逝世以后,他的儿女继承遗志,以谢老的名义捐献300万港元建造澄海华侨中学"易初科学馆",并多次来国内投资和到家乡办公益事业。

澄海华侨中学"易初科学馆"于1987年5月1日落成。谢易初的半身塑像竖立于馆内大厅中央,谢老一手拿着放大镜,一手扶着葡萄在细心观察,惟妙惟肖,栩栩如生,这生动逼真、入木三分的形象,不禁唤起人们对这位爱国华侨的怀念和敬仰之情!

在深圳起步"中国梦"

> "无论如何也要回到中国去。正大在世界各地做得再好,若对祖国无贡献,我将死不瞑目!""回去一定要把事业搞成功,要多想想怎样对国家、对农民、对消费者都有好处,不要只想赚多少钱回来。"

父亲临终前的嘱咐,谢国民一直记忆犹新。

令谢国民始料未及的是,一场酝酿于《实践是检验真理的唯一标准》的变革,会衍变成为规模如此浩大的社会运动:那一年,中国的GDP是3678.7亿元,只有2018年的0.4%;那一年,可口可乐来了,大众汽车来了;那一年的天安门国庆典礼上,一个叫李嘉诚的商人受邀出席,与邓小平留下合影……

1979年,中国颁布了第一部利用外资的法律——《中外合资经营企业法》。

这一年的深圳,尽管刚刚穿上"经济特区"的光鲜外衣,还只不过是一个只有1.2万人口的南方边陲小渔村。

当时,许多外资企业驻足观望、举棋不定,在他们眼里,当时的中国满是贫穷和艰苦。住在宝安县简陋招待所里的谢国民放眼这个小渔村,从中似乎看到了未来无限的机遇之光。

扎根在中国,不仅是许多海外华侨的乡土情结,也是正大集团一旦下笔就难以封签的答案。谢国民决定,在深圳特区开启正大发展"第二春"。

这里,是他的"中国梦"起步之地。

很快,谢国民捷足先登拿到了深圳市"001号"中外合资企业营业执照,投资1500万美元建立了第一家现代化的饲料养鸡公司,成为改革开放后第一批在华投资的外商集团。

与此同时,他还与世界著名农牧企业美国大陆谷物公司合资,共同建立了正大康地有限公司,成为深圳特区最早也是最大的外商投资项目。1982年,在珠海、汕头，正大集团又相继成为领取当地第1号营业执照的外资公司。

与父亲谢易初一样，谢国民不仅爱国，更富有眼光。他说："商家最看的是机会，讲究天时、地利、人和。我就是有1万亿也不能跑到美国去做电信，因为他们已经把这方面的事业铺满了，没有机会和空间了。真有这样一笔钱，为什么不去有空白的国家投资呢？我了解中国的民情，我了解中国人需要什么。"

在谢国民看来，中国市场广阔，劳动力成本低，很多行业处于起步阶段，蕴藏着无限商机。而且，祖籍广东澄海的谢国民，虽然在泰国出生，却曾在汕头读中学，不仅对故土有不一般的情感，对中国环境的熟知更成为他独到的商业优势。在被问到正大有哪些优势能与外国巨头较量时，谢国民非常自信："优势我们有很多啊！最重要也最关键的一点是，我们比他们更了解中国市场，我们比他们更懂中国人。"

改革开放以来，正大集团在国内投入资金累计超过45亿美元。喝上特区建设"头啖汤"的正大集团，由此融入中国奔腾的改革开放浪潮，收获了发展"红利"。

回想当初的决定，谢国民说，一点也没错！我们是中国改革开放和经济特区建设的参与者、见证者，也是受益者。

"正大"渐渐深入中国人心

"饮水思源，对中国我有一种特殊的感情……我对正大集团在中国投资的前景是很乐观的。"

当外资企业纷纷撤资离开中国，对中国市场的前景表示怀疑时，谢国民却看到中国下一步必将迎来一个经济高速发展的全新时期。当时，他在香港等地公开表示，相信中国的改革开放会进行下去，并宣布正大集团将继续加大在华的投资。

也是在这一年，正值正大集团进入中国整整10年。为了进一步提升企业知名度，正大出资与上海电视台成立正大综艺公司，制作由大众参与的娱乐节目《正大综艺》，并在中央电视台播出，风靡一时。

《正大综艺》是中央电视台的第一个以企业冠名、第一个外资介入的电视栏目。很多人小时候或许都看过这样一档节目，每到周末全家老小必定围坐一堂观看，欢笑声不断。

20世纪90年代，中央电视台以其新颖的娱乐性吸收无数人的眼球，这个用趣味知识问答形式介绍世界各地风土人情的节目，成为很多人打开世界大门的第一扇窗。

虽然当时大多数人并不知道正大集团是一家什么企业，但伴随着"不看不知道，世界真奇妙"这句介绍语，以及"爱是正大无私的奉献"的旋律，"正大"的名字，却渐渐深入人心。

"正大，不就是那个卖饲料的吗！"——除了几乎无人不知的正大饲料，依托《正大综艺》带来的知名度，正大集团随后在中国涌出不少让人耳熟能详的品牌：正大制药、大阳摩托、正大广场、易初莲花超市……

"正大"逐渐走进中国百姓生活，短短几年内，正大集团在华的产业矩阵扩展到农牧、工业、房地产、医药、电信等9个领域，甚至如零售、金融等一些当年尚未对外开放的领域，正大集团也得到政府的特许而率先进入。

《正大综艺》更是成为外商在华公关的典范。

1990年春天，邓小平在中南海亲切会见了谢国民。

这次会见，给谢国民留下印象最深的当数邓小平重申"中国改革开放政策100年不动摇"。这句话字字重若千钧，成为在华投资外商的定心丸。乃至多年以来，正大集团高管的案头上，都会摆放着《邓小平文选》。

这是祖国同胞对正大集团做出贡献的肯定，也是对正大集团最诚挚的欢迎、接纳、相融。

走中国"三农"之路

一位卜蜂集团的职员说："我们随便到泰国一户老百姓家里，农民都会拿出最好的东西款待我们，我们不吃人家会不高兴。这种对卜蜂的热爱与尊重是发自内心的。"

和在泰国一样，谢国民从"祖业"农业切入。

中国是传统农业大国，谢国民带来的，正是当时的中国农村最缺的3样东西——**技术、资金和市场**。

正大集团卖的是饲料，但从另一方面来讲又不是。"当时我们的饲料比市场价格贵很多，为什么大家还要来买我们的？因为我们提供的是附加价值。"

谢国民在深圳提出"1个人养1万只鸡"的想法，这对当时的农民来说根本不敢想。

这个目标怎么实现？

以农业起家的正大集团自有高招。他们在自建家禽育种公司和饲料公司的基础上，推行公司带农户的政策，带动农民发展养殖业。他们为合作伙伴提供饲料、雏鸡，免费提供技术服务，统一供应药品和疫苗，并负责以协议价回收鸡、鸭、猪，保证农民有稳定的收入。此外，还为农民提供部分流动资金，争取政府的政策支持和银行的低息贷款，帮助农民发展现代化大规模养殖场。

说白了，农民只管去做自己擅长的事：养鸡。在其他的环节如饲料、配送、销售等，正大集团提供一条龙服务，农民不用犯愁。

农民富起来了，就有购买力了，就能带动整个经济发展。这个朴素的逻辑在谢国民的商业帝国组建过程中从未改变，从开始到后来，从泰国到全球。

谢国民说，我们不是单纯地从合作者那里赚钱，而是教他们怎样富裕。只有这样才能互利互惠共同发展。

在农村饲料、种畜市场占据了一定的主导地位后，正大集团又在酝酿拓展新的农村市场——建立农村营销网络。

谢国民认为，中国有广阔的农村市场，他们迫切需要价廉物美的产品，也希望把自己的农产品通过合适的通路送到城市。"我们正在积极建设农村营销网络，计划利用农牧企业已经形成的销售网络，把易初莲花超市的产品卖到农村，同时再利用这张网把农村的产品卖到城市。"他承认，这一计划具体实施还面临很大困难，但这将是一个趋势。

"几十年前，正大集团把工业饲料和动物营养概念带入中国的时候，很多人认为不可行，但是我们成功了。如今，我们正在努力建立的农村营销网络，将是在中国的又一次拓荒。"改革开放初期，正大集团给中国农村带来的世界先进技术、理念，无疑都非常珍贵。

伴随着中国改革开放的深入和正大集团全球化的进程，以农业为切入点，谢国民也加快了对华投资的步调。

如今，这个庞大的商业帝国年销售额的四成来自中国，在华投资总额超过1100亿元。

困境中力保中国市场

1997年，对于正大集团来说有两件大事影响深远。

第一件事，谢国民敬佩的中国领导人邓小平逝世。邓小平那句"不管黑猫白猫，能抓到老鼠就是好猫"，解决了姓资还是姓社的问题，以及摸着石头过河，杀出一条"血路"，以大无畏精神谋求发展的雄心壮志，被谢国民铭记于心。

第二件事，亚洲金融风暴席卷而来，正大集团的发源地泰国变成了风暴的核心。在这次风暴中，泰国损失严重，众多企业纷纷破产，作为泰国最大的企业，正大集团也未能幸免。

谢国民把这次金融风暴称为自己"一生中碰到的最大的困难"，一瞬间，还钱成了摆在谢国民面前的头等大事。

除了泰国总部，正大集团在东南亚各地的投资也受到影响，银行怕正大还不上钱，都来讨债，还冻结了正大的资产。

银行一冻结，正大集团仿佛一夜之间从天上掉到地下。在这个危急关头，谢国民力挽狂澜，淡定自若，展现了高超的商业头脑。

一艘大船在经历风浪时要减轻负荷。于是，谢国民决定卖掉泰国境内莲花超市80%的股份，以换取现金流。

"第一，从农业到食品业都不要动，这是根基，也是我们的祖业；第二，超市是我们新创的事业，把这个卖掉就够了，你们放心去旅游吧！"谢国民的意图非常明了——"留得青山在，不怕没柴烧"，集团上下心服口服。

谢国民砍掉了泰国莲花超市，又陆续关闭一些低效企业，却保留了上海零售业——金融风暴开始时，卜蜂莲花超市落户上海浦东不足一个月。

他把卖掉泰国莲花的钱，一部分用于还债，一部分用于集中力量，把资本放在最需要的地方——继续投资中国。

选择保留中国的业务，或许与谢国民从小爱养鸽子有关。

鸽子是辨认方向的天才，无论飞多远，都认得回家的路；无论你把它带去哪里，带走几年，你一放，它又会飞回来，找到它出生的鸽舍。谢国民说：**"好的鸽子一定要回家！"**

赛鸽的品格，仿佛更是谢国民搏击商海的写照。他就像一只永不疲倦的赛鸽："无论做什么，都要争第一。"

那时候，世界零售巨头家乐福和沃尔玛刚刚进入中国，谢国民深知："我们不能停，停就是灭亡，我们反而要大发展。"

这一次，谢国民赌对了。金融风暴袭击之下，食品行业反倒赚钱，正大的全球市场份额得以扩大，利润率甚至从以前的5%提升到15%，谢国民借此打了一场翻身仗。

经此一役，谢国民也被美国《财富》杂志评选为全球最具影响力的50位商界领袖之一。

然而另一方面，谢国民力保的中国业务，在1999年到2004年间并没有取得与中国经济增速相应的增长。这中间，中国加入WTO（世界贸易组织），开放程度前所未有。就像当初踏上深圳的土地、第一次抓住中国农村的机会一样，历经金融风暴洗礼，谢国民仍然坚信中国未来经济发展一定还会向上向好。

"我每天的工作内容有95%是为未来5年、10年甚至15年、20年做计划。"谢国民这位传奇的企业家，总会在最顺利的时候想，风暴来的时候能不能顶住，而当风暴真的降临，又去考虑天亮的那一天要做什么。

多做对国家和人民有利的事

正大集团属下易初莲花超市在新店开业时，有个与众不同的保留节目——举行捐款仪式。

这种捐款仪式并不是一种简单意义上的企业作秀。多年来，正大集团为中国社会公益事业累计捐款已达3亿元。而且这些捐款一向都以现金支付，从来不以实物或产品折价计算。

"利国、利民、利公司"是正大集团坚持的经营理念。在经营中，除了考虑投资人的利益和企业本身的利益外，还会充分考虑与企业行为有密切关系的其他利益群体及社会的利益。如果对国家和人民无益，再赚钱的事，正大集团也不会去做。

事实上，"三利原则"正是正大集团受到中国各级政府和合作伙伴欢迎的重要原因之一。

"取之于民，用之于民，赢利不是企业的唯一追求，为中国人民提供更多更好的产品与服务更加重要。"谢国民认为，有高度社会责任感的企业定会受到市场的青睐，受到客户、政府、舆论、商业伙伴、雇员等企业利益相关者的推崇。

只有将社会责任感转化为企业的竞争力，才可以保证企业的可持续发展。

为了保护中国的自然环境，正大集团专门制定了废水处理的7项标准，从加工生产到销售全程关注环保因素。

歌词"爱是正大无私的奉献"，恰当体现了正大集团作为一家知名跨国企业的社会责任和使命担当。

新冠肺炎疫情暴发后，正大集团快速行动，第一时间紧急启动支援中国各地抗击疫情的行动。

疫情尚未结束，正大集团公益爱心的脚步仍在继续……

促进中泰两国经济合作和文化交流

2008年，北京举办奥运会，举世瞩目。

这一年，中国侨商投资企业协会成立，这是国内最高层的侨商组织。谢国民当选首任会长，至今蝉联3届。

作为会长，"一带一路"成了谢国民口中的高频词。他带头四处呼吁海外华商，积极参与"一带一路"建设。

"我十分赞同习近平主席提出的'一带一路'倡议，这是一个富有智慧的创举，让中国和全球各国可以通过经济、文化等合作交流，互通有无、合作共赢，走向更加美好的明天。"

谢国民研判，21世纪初，正大集团的机遇是西部大开发。

而此时，"中国经验"也开始在泰国落地。泰国在东部沿海的北柳、春武里和罗勇3府设立了东部经济走廊国家级经济特区，出台特别优惠的配套政策，吸引世界各个国家的精英人士旅居、生活、工作、投资、创业。

先知先觉者悄悄谋局抢占先机。

谢国民思考着，在企业层面，如何使泰国提出的"东部经济走廊"更加高效地对接"一带一路"倡议，让前者成为中国—中南半岛经济走廊的重要组成部分。

他认为，"完善配套设施、发展沿线经济是可持续发展的重要基础"。

目前，正大集团正在积极支持和参与由泰国、中国、日本等国家的企业组成的联合体，建设东部经济走廊经济特区高铁项目，将把世界先进的技术和成套设备、成熟的管理经验和资金带到泰国，推动多国合作，实现共商共建共享。

与此同时，泰国还设立了多个边境经济特区。眼光独到的谢国民发现，泰国的经济特区战略与中国"一带一路"倡议高度契合，中泰两国在经济合作上可以更上一层楼。

这些年，正大集团不断协助中国企业进入泰国，投资拓展东南亚市场。

"泰国是一个佛教国家，有着优秀的民族传统，人民友善，文化包容，作为中国的友好近邻，泰国投资环境非常好。"在谢国民的内心，他更希望在泰国经济特区开发过程中，中国企业把资金、技术、产业等带进去，使得泰国经济特区快速发展，造福更多泰国民众，共同构建人类命运共同体。

2017年1月，谢国民卸任正大集团董事长和CEO的职务。从谢国民手中接棒的下一代，正带领融合了潮汕文化和泰国佛教文化的正大集团，抓住中国发展的下一轮机会扬帆奋进。

祖国不会忘记

音乐欣赏

《我思念故乡的小河》

后记

从萌生想法到拿出策划方案，从市场调研到寻找投资方，从人物筛选到确定作者……这一路走来，太多太多的美好让人感怀，太多太多的人令人敬佩。感谢王家康、楚济学、董保存、黄绍兵四位老师的不吝赐教；感谢李　辉、吴　明、张　伟、朱玉生、汪冬莲、李　航等老师的辛劳；特别感谢北京和衷文化的王科先生，他是一位有情怀、有格局的人。几个月来所有的辛勤付出，都化作了一个共同目标的实现：《铭记》系列丛书的顺利付梓。

在本系列选题的写作过程中，我们参考、借鉴了相关书籍和报刊资料，在此一并向有关作者表示诚挚的谢意。真诚希望本系列丛书的出版，能让爱国主义精神激荡于每位华夏儿女心中，让国际主义赞歌响彻所有热爱和平的人的耳畔，为实现中华民族伟大复兴中国梦、推动"一带一路"建设和构建人类命运共同体营造良好人文环境，作出应有的贡献。

编者

2021 年 7 月